Schenk dir selbst ein neues Leben

●*Horst Conen*, Jahrgang 1956, gilt als einer der renommiertesten Coaches Deutschlands mit den Schwerpunkten Leben, Beruf, Erfolg. Er schrieb zahlreiche Bestseller und ist ein gefragter Experte zum Thema Selbst- und Lebensmanagement. Bei Campus erschien von ihm bisher *Sei gut zu dir, wir brauchen dich*.

Horst Conen

Schenk dir selbst ein neues Leben

Die Kunst, sich immer wieder neu zu erfinden

Campus Verlag
Frankfurt / New York

Bibliografische Information der Deutschen Nationalbibliothek:
Die Deutsche Nationalbibliothek verzeichnet diese Publikation in der
Deutschen Nationalbibliografie. Detaillierte bibliografische Daten sind
im Internet unter http://dnb.d-nb.de abrufbar.
● ISBN 978-3-593-37655-4

Das Werk einschließlich aller seiner Teile ist urheberrechtlich geschützt.
Jede Verwertung ist ohne Zustimmung des Verlags unzulässig. Das gilt
insbesondere für Vervielfältigungen, Übersetzungen, Mikroverfilmungen
und die Einspeicherung und Verarbeitung in elektronischen Systemen.
Copyright © 2007 Campus Verlag GmbH, Frankfurt am Main.
Umschlaggestaltung: R.M.E, Roland Eschlbeck und Ruth Botzenhardt
Umschlagmotiv: Jörg Mühle, Frankfurt am Main
Satz: Campus Verlag GmbH, Frankfurt am Main
Druck und Bindung: Freiburger Graphische Betriebe
Gedruckt auf säurefreiem und chlorfrei gebleichtem Papier.
Printed in Germany

Besuchen Sie uns im Internet: www.campus.de

»Unsere Wünsche sind Vorgefühle der Fähigkeiten,
die in uns liegen, Vorboten desjenigen,
was wir zu leisten imstande sein werden.«

Johann Wolfgang von Goethe

Inhalt

Einführung: Warum wir aufhören sollten, uns selbst zu reduzieren 9

1. Sie sind viel mehr, als Sie glauben 13
    Veränderung macht Lust und Angst 14
    »Kann ich überhaupt anders sein?« 22
    Vorsicht: Selbstmissachtung! 31
    Selbstbestimmung heißt der Weg 41

2. Die Wartezeit ist vorüber 49
    Wo stehen Sie zurzeit? 50
    »Jetzt lasse ich mich selbst Mensch sein!« 69

3. Lassen Sie sich inspirieren 80
    Vom Suchen und Finden neuer Impulse 80
    Im anderen das Eigene entdecken 87

4. Die sieben Schritte in ein neues Leben 95
    Veränderung ist wie eine Reise 95

1. *Schritt:*
Erkennen Sie Ihr Ziel 99

2. *Schritt:*
Entwerfen Sie ein Leitbild 102

3. *Schritt:*
Nutzen Sie Ihre schlummernden Potenziale 111

4. *Schritt:*
Bauen Sie Mut und Selbstvertrauen auf 123

5. *Schritt:*
Gehen Sie achtsam vor 138

6. *Schritt:*
Tun Sie es! 151

7. *Schritt:*
Sichern Sie das Erreichte 157

Die Reise geht weiter 169

5. Selbsterfinder leben besser 172

Glücklich bleibt, wer sich oft verändert 172
Bleiben Sie am Ball – für ein erfülltes Leben 182
Mit Zuversicht in die Zukunft 189

Danksagung 191

Weiterführende Literatur 193

Register 195

Einführung:
Warum wir aufhören sollten, uns selbst zu reduzieren

Mal ehrlich, wie oft haben Sie schon darüber nachgedacht, anders zu leben und zu arbeiten: freier und fröhlicher, unabhängiger und selbstständiger, näher an Ihren Fähigkeiten und Talenten, aufregender und glücklicher. Was wollten Sie nicht schon alles machen, alles erleben, alles sein. Und jetzt?

Dieses Buch soll Sie dazu anregen, über all Ihre Bedürfnisse, Wünsche und Pläne neu nachzudenken. Es möchte Sie darin bestärken, es nicht beim Gedankenspiel zu belassen, sondern Ihrem Leben eine neue Chance zu geben. Und es will etwas ans Tageslicht befördern, was bisher vielleicht im Dunkeln lag – Ihre Kraft und Fähigkeit, sich selbst immer wieder neu erfinden zu können.

Ich weiß, wer mitten im Leben steht und von Job und Karriere, Partner und Kindern, Haushalt und Verpflichtungen beansprucht wird, der tut sich zunächst schwer, an diese Befähigung zu glauben. Das moderne Leben ist komplex und druckvoll. Wir tun viel, werden überall gefordert. Und am Ende des Tages bleibt meist wenig Energie übrig, um über sich selbst zu reflektieren. Hinzu kommt die Tatsache: Nicht alles lässt sich neu erfinden. Mit manchen Dingen mussten wir lernen zu leben: die lädierte Bandscheibe, die gescheiterte Beziehung, die Firma, die insolvent wurde, die Folgen einer Krankheit oder Krise – da sind Narben auf unserer Haut und Seele, mit denen wir uns arrangieren müssen. Und das fällt nicht immer leicht.

Manchmal sieht es also wirklich so aus, als machten es uns die Details der persönlichen Biografie unmöglich, uns selbst und unserem Leben ein neues Gesicht zu geben. *Doch sieht es eben nur so aus.*

Denn bei meiner Coachingtätigkeit erfahre ich immer wieder, dass zuweilen schon eine Feinjustierung ausreicht, um den Einzelnen seinen Zielen näher zu bringen. Ich liebe diese Momente, in denen ich hautnah miterlebe, wie Menschen, die vorher noch dachten, kaum Veränderungsmöglichkeiten zu haben, plötzlich aufblühen und ins Schwärmen geraten. Eben schien alles noch aussichtslos und schwierig – und auf einmal zeigen sich Wege, wie diese Menschen doch noch dort ankommen können, wo sie immer schon hin wollten.

So ist dieses Buch darauf ausgerichtet, auch Ihnen dafür die Augen zu öffnen, was für Sie noch alles erreichbar ist. Schöne Aussichten also für jene unter Ihnen, die gerne noch das pralle Leben erfahren möchten – mit allem, was für sie dazu gehört – und die bisher dachten, ihre Zeit käme nie. Nun ist sie da.

Aber Vorsicht: Wer jetzt mutmaßt, alles erreichen zu können ohne die Bereitschaft zur Selbstkritik und ohne an sich selbst zu arbeiten, der irrt. Nur derjenige gelangt an den inneren Ort, wo ihn ein neues Ich-Gefühl und Leben erwartet, der bereit ist, einen Veränderungsprozess zu durchlaufen. Doch lohnt sich dies in mehrfacher Hinsicht: Denn wer sich diesem Prozess öffnet, der erreicht nicht nur mehr Zufriedenheit und Lebensglück, er schafft sich auf diese Weise auch einen immer wichtiger werdenden Erfolgsfaktor.

Warum? Weil wir in einer Zeit leben, in der sich unsere Welt rasend schnell verändert. Der Druck in unserer Gesellschaft wird höher – sowohl beruflich als auch in Bezug auf unsere Lebensplanung. Wo früher Auffangnetze und klare Wege waren, regiert längst die Eigenverantwortung. Quereinsteigen, umsatteln, scheitern und sich wieder etwas Neues einfallen lassen – das ist heute Alltag. Und wer dabei sein möchte, der sollte gut präpariert sein. Sich selbst immer wieder neu erfinden zu können, ist genau die richtige mentale Software dafür. Wer sich dagegen selbst reduziert, verliert.

Zukunftsforscher Matthias Horx bestätigt, dass nach einer Zeit der Wellness nun die der »Selfness« angebrochen ist: Stand Wellness für passive Selbstverwöhnung, so steht Selfness für die aktive Fähigkeit zur Selbstveränderung, um im Wandel bestehen zu können und nicht unterzugehen.

Mein Vorschlag: Nutzen Sie die Lektüre dazu, Ihre persönlichen Möglichkeiten zu erkennen und sich die Frage zu stellen: wieweit will und kann ich mir ein neues Leben schaffen? Zusätzlich können Sie die hier zu erwerbende Geistes- und Lebenshaltung dafür verwenden, sich der Wechselhaftigkeit unserer modernen Wirklichkeit mit Erfolg zu stellen.

Lassen Sie sich vor allem von jenem wunderbaren Gefühl anstecken, das ich bei anderen und auch an mir selbst schon oft erlebt habe: Vor zwei Minuten war man noch der Immergleiche mit den alten Gewohnheiten und Gedanken über sich und sein Leben. Und unversehens merkt man, wie man einen anderen Blick bekommt, anders über alles nachdenkt, Neues probiert, neu lebt. Ein Gefühl, über die Gebirge der täglichen Widrigkeiten hinwegschweben zu können, als seien sie bloß Hügel im Sandkasten. Und ein Gefühl, das manche Entbehrung und Schicksalsschläge aus der Vergangenheit vergessen macht.

An einer Wand meines Arbeitszimmers hängt ein kleines Bild mit den Worten: »Leben heißt: Immer wieder durch neue Räume zu gehen.« Ein Leitsatz für meine tägliche Arbeit und für das, was Sie hier erwartet. In diesem Sinne: Öffnen Sie neue Türen. Schauen Sie in Räume hinein, in die Sie sich bisher nie gewagt haben. Viel Spaß dabei, sich selbst neu zu entdecken!

Herzliche Grüße aus Köln
Ihr *Horst Conen*

1.
Sie sind viel mehr, als Sie glauben

Oje – da war es wieder, dieses Wort, das so zwiespältige Gefühle wecken kann: Veränderung. Ich weiß nicht mehr genau, wann und wo es mich diesmal traf. Vielleicht ließ es jemand im Fernsehen zu später Stunde plötzlich mitten ins Entspannungsstündchen hineinfallen und schreckte mich dadurch auf. Vielleicht schlich es auch beim beiläufigen Blättern in einem Magazin heimlich aus den Zeilen in mein Unterbewusstsein, um dort für Unruhe zu sorgen. Oder es blieb als Essenz eines Gespräches an mir haften wie ein intensiver Duft, der die Sinne anregt und einen den ganzen Tag begleitet.

Je nachdem, wie, wo und wann einem das Wort Veränderung begegnet, ruft es die unterschiedlichsten Reaktionen hervor. Trifft es einen im richtigen Moment, ist es wie ein Ausflug ins Land der Träume. Dann bewirkt es ein Abdriften der Gedanken, ein schönes Gefühl, einen Sehnsuchtsschauer: »Ja, so möchte ich auch gerne leben.« Trifft es einen jedoch auf dem falschen Fuß, fällt einem plötzlich alles aus der Hand. Dann bewirkt es Erschrecken und danach eine Abwehrreaktion: »Veränderung? Nein danke!«

Veränderung macht Lust und Angst

Wie wirkt das Wort Veränderung auf Sie? Rührt es an empfindlichen Punkten Ihres Lebens, etwa weil Sie seit Jahren auf der Stelle treten, weil Sie dringend einen Schlussstrich unter bestimmte Entwicklungen ziehen müssen, da viel Zeit vergangen ist und sich nichts gebessert hat, oder weil Sie gar das falsche Leben leben?

Kommen Ihnen dabei Gedanken in den Sinn wie endlich den Job hinzuschmeißen, der nur noch Stress und Ärger bedeutet, keinen Spaß und keine Herausforderungen mehr bietet, und stattdessen etwas anderes zu machen? Werden Sie von seltsamen Anwandlungen heimgesucht, wie etwa nach dem Joggen oder Zigarettenholen am liebsten gar nicht mehr nachhause zu wollen und sich stattdessen irgendwo anders eine neue Identität aufzubauen – in einer anderen Stadt, in einer anderen Beziehung? Fallen Ihnen vielleicht die Freunde und Bekannte wieder ein, die ihr Leben eines Tages konsequent umgekrempelt haben und entgegen aller Unkenrufe zufriedenere Menschen wurden? Ruft diese Erinnerung bei Ihnen lang gehegte Pläne wieder wach, etwa mit weniger Konsumgerümpel und Luxus zu leben, dafür aber innerlich freier, einfacher und selbstbestimmter? Oder auszuwandern, um irgendwo in der Fremde noch einmal neu anfangen zu können?

Oder rufen Sie innerlich laut »Bloß nicht«? Denn vielleicht sind Sie ja froh, dass alles in Ruhe seinen Gang geht, und stufen sich selbst als Gewohnheitstier ein, das immer gleiche Verhältnisse, einen eingespielten Tagesablauf und eine vertraute Umgebung liebt.

Ganz gleich, was das Wort Veränderung bei Ihnen bewirkt, ob Sie beim Hören dieses Wortes der Wunsch nach einem besseren Leben heimsucht oder ob Sie sich eher als Verfechter eines »The-same-procedure-as-every-year-Denkens« einschätzen und alles so belassen wollen, wie es ist – gewiss haben Sie schon einige Male in Ihrem Leben kleinere oder größere Veränderungen vollzogen. Das kann gewollt oder ungewollt geschehen sein, es mag persönliche Standpunkte betroffen haben, private oder berufliche Entscheidungen oder trivialere Dinge wie die Wahl eines anderen Outfits, einer neuen Frisur, Wohnungseinrichtung oder Automarke.

Jeder schafft Veränderungen, denn es gehört zum Wesen des Menschen, darüber nachzudenken, was man verbessern, verschönern oder erneuern könnte, und es auf die eine oder andere Weise mehr oder minder konsequent dann auch zu vollziehen. Und daher gibt es gewiss auch diesmal einen gewichtigen Grund, warum Sie der Gedanke an Veränderung auf irgendeine Weise beschäftigt, sonst hielten Sie dieses Buch nicht in Ihren Händen.

Ich vermag von hier aus nicht zu beurteilen, ob die Gedanken, die Sie sich zurzeit im privaten oder beruflichen Umfeld machen, von außen angestoßen wurden und sich als zwingend darstellen, oder ob Sie freiwillig und einem natürlichen inneren Impuls folgend auf den Weg kamen. Vielleicht haben Sie sogar gerade in diesen Tagen besonders intensiv über eine Veränderung nachgedacht und haben sie in Gedanken sogar schon mehrfach durchgespielt – doch Befürchtungen halten Sie zurück. Der Berg, den es für Sie zu überwinden gilt, erscheint Ihnen zu hoch. Das, was Sie gerne aufgeben würden, und das, was Sie lockt, ist zugleich mit so vielen unangenehmen Konsequenzen und Anstrengungen behaftet, glauben Sie. Und der immer mal wieder an die Oberfläche drängenden Frage »Soll ich, oder soll ich nicht?« folgen daher keine aktiven Schritte.

Doch was nun? In Ihrem Bauch sitzt möglicherweise ein tiefes Verlangen nach veränderten Verhältnissen – nach einem neuen Job, einem neuen Leben oder einem Neuanfang auf der Beziehungsebene. Und auch Ihr Kopf sagt Ihnen immer wieder, dass Sie sich früher oder später der Notwendigkeit stellen und einen anderen Weg beschreiten müssen, weil Ihre Zeit viel zu kostbar ist, als dass es Jahr für Jahr so weitergehen darf. Aber Sie fassen es nicht an, Sie bleiben passiv. Die Angst dominiert die Lust. Und das andere, das ersehnte aufregendere, mutigere, bessere oder einfach nur entspanntere und gesündere Leben, bleibt nur Gedankenspielerei.

Lassen Sie sich bewegen

Wer immer wieder davon träumt, beruflich umzusatteln, die Beziehung zu beenden, auszuwandern, abzunehmen oder das Rauchen aufzugeben, der muss sich selbst motivieren können, um es auch umzusetzen. Dazu benötigt man Kraft. Gewohnte Wege zu verlassen, sich mit unbekanntem Terrain vertraut zu machen und sich auf Neues einzulassen ist auch ein Akt, der uns Selbstdisziplin und Selbstbewusstsein abverlangt. Denn unser Kopf und Bauch sind stark mit dem verwoben, was wir in der Vergangenheit gewohnt waren. Etwas anderes zu leben kostet Überwindung und Mut, und deshalb bauen wir Angstbarrieren auf.

Mit überlegten Schritten können wir diese Barrieren jedoch beiseiteräumen. Dazu müssen wir Kopf und Bauch davon überzeugen, dass die Bewegung in eine neue Richtung für unser Leben die bessere Strategie ist, als es beim reinen Gedankenspiel zu belassen. Dabei hilft uns die Natur, denn wir sind von Geburt an auf Veränderung ausgerichtet. Als Kind hat es uns doch auch Spaß gemacht zu lernen, zu erfahren, zu kreieren. Denken Sie einmal daran, wie schnell Kinder sich langweilen, wenn sie nicht ständig etwas Neues und Spannendes geboten bekommen – am liebsten rund um die Uhr und ohne zu schlafen. Überall lockt etwas, das dringend probiert, erforscht und auseinandergenommen werden will.

Wir müssen uns nur diese »Freude am Entdecken« zurückerobern. Sie bildet die Basis und kann der harmlos erscheinende Auslöser für große Veränderungen sein – wie der berühmte Schmetterlingseffekt, demzufolge kleine Ereignisse unabsehbare Folgen haben können und ein winziger Flügelschlag ausreicht, um am anderen Ende der Welt einen Sturm auszulösen. Das heißt: Die Kraft, die zu der von Ihnen möglicherweise ersehnten Veränderung nötig ist, ist bereits in Ihnen. Sie war es immer und wird es immer sein. Es kommt nur darauf an, ob Sie sich ihrer auch bedienen.

Wer diese Kraft zulässt und auf sie vertraut, überwindet die Angst vor dem Schritt in eine neue und bessere Zukunft. Oft sogar sehr viel leichter, als man zuvor dachte – das erlebe ich immer wieder bei meinen Coachings mit Frauen und Männern, die zu mir kommen, weil sie sich in irgendeiner Weise privat oder beruflich verändern möchten. Es wäre doch zu schade, wenn Sie all das, was Sie an Vorstellungen von einem anderen

Lebensgefühl und einer besseren Zukunft auf ewig zurückhalten, weil Sie Ihrer Kraft zur Veränderung misstrauen.

Sie sollten sich immer bewusst machen, dass das Leben kurz ist und jetzt gelebt werden will. Das Haltbarkeitsdatum für die Umsetzung unserer Vorstellungen und Ziele ist schnell überschritten. Lassen Sie sich daher lieber heute als morgen von der Idee einer persönlichen Veränderung anstecken. Es lohnt sich, sie einmal von allen Seiten zu betrachten, sie näher an sich heranzulassen als bisher und tiefer in sie einzudringen – am besten so tief, dass Sie Kopf und Bauch ganz leicht davon überzeugen können, dass das, was Sie immer wieder beschäftigt und lockt, keine unrealistische Spinnerei in schwachen Momenten ist, sondern tatsächlich möglich, machbar und lebbar ist.

Überwinden Sie den inneren Schweinehund

Vielleicht fühlen Sie ja jetzt schon, dass etwas in Bewegung kommt, obwohl Ihre Ratio immer noch gegen Veränderungsmaßnahmen rebelliert, so als würden Sie ferngesteuert und könnten nichts dagegen tun. Dann hat Ihr Herz für einen Moment die Regie über Ihre Wünsche und Träume übernommen. Das wäre gut, denn genau das ist es, was Sie brauchen, damit Ihnen dieses Buch zu jenen gewünschten Effekten verhilft, für die es konzipiert ist.

Die größte Gefahr, die auf Sie lauert, ist jedoch, auf dem Sofa sitzen zu bleiben, es dem Kopf zu gestatten, Argumente herbeizuzitieren, warum etwas nicht geht, und sich von falschem Sicherheitsdenken, Misstrauen und Angst in die Passivität zwingen zu lassen. Beachten Sie jedoch: Zufriedene Menschen sind nicht deshalb zufrieden, weil sie ihren Bedenken nachgeben, sondern weil sie häufiger als andere ihrem Herzen vertrauen.

Anders ausgedrückt heißt das: Ordnen Sie Ihre Herzenswünsche nicht solchen materiellen Dingen wie Gehaltshöhe, Betriebsrente oder Altersvorsorge unter. Lösen Sie sich von diesem niedrigen Level, an den wir uns über die Jahre gewöhnt haben und in den wir uns haben hineinzwingen lassen. Folgen Sie stattdessen einem neuen Selbstbild, das offen ist gegenüber Ihrem persönlichen Traum von einem anderen Leben. Werden Sie zum »Mut-Menschen«, und lösen Sie sich vom »Stuben-Menschen«, der sich in einem überzogenen Sicherheitsdenken verhakt und nur mit Gedanken spielt, anstatt wirklich einmal zu probieren, was alles geht.

Lassen Sie sich auf Veränderungen ein. Lassen Sie sich davon anziehen wie von einem übergroßen Magneten, dessen Standort man nicht sieht, dessen Kraftfeld man aber spüren kann und der so die Richtung vorgibt.

Also, runter vom Sofa und noch einmal ganz neu rein in ein Leben, das mit allen Sinnen gelebt werden will. Draußen wartet die Welt, und sie ist voller Möglichkeiten. Ein tiefer Atemzug, und alle Ausreden, Ängste und Vorbehalte lösen sich in Luft auf. Machen Sie die Erfahrung, wie erfrischend es sein kann, etwas anderes zu leben und ein ganz anderer Mensch zu sein. Die Reaktion, die ich auf diese Aufforderung oft höre, ist: »Das bin doch nicht ich!« »Doch«, sage ich dann, »das sind Sie! Das können Sie auch sein, und sogar noch viel mehr, als Sie glauben.«

Selbsterneuerung als Lebensprinzip

Überlassen Sie sich ganz der Anziehungskraft innerer Erneuerung. Wie stark diese Kraft sein kann, lässt sich schon im Alltag erleben. Dazu ein Beispiel:

Auf meiner Terrasse wächst ein großer Bambusstrauch. Nachdem im Winter zuvor alle Blätter erfroren waren, trug ich mich zuerst mit dem Gedanken, ihn zu entsorgen. Auch weil der Gärtner, den ich zurate zog, meinte, der Bambus habe die frostigen Minusgrade wahrscheinlich nicht überlebt. Das ganze Frühjahr jedoch zögerte ich. Denn irgendwie sträubte ich mich, ihn aufzugeben. Zwar waren alle anderen Pflanzen ringsum längst grün und der Bambus gelbes, totes Holz. Doch irgendwas ließ mich hoffen: Er kommt wieder. Dann geschah das kleine Wunder. Eines Morgens, es war schon zum Ende des Sommers, sah ich es. Über Nacht hatten sich kleine Triebe entwickelt. Tage später wurden zarte hellgrüne Blättchen daraus. Und wenige Wochen danach stand der totgesagte Strauch wieder lebendig da. Heute ist der Bambus grüner und größer denn je. Und wenn ich auf der Terrasse einen harten Arbeitstag beschließe, hat sein leises Rascheln auf mich dieselbe entspannende Wirkung wie früher, wenn nicht sogar noch beruhigender. Denn es zeigt mir: Selbsterneuerung ist immer wieder möglich – auch dann, wenn niemand mehr daran geglaubt hat.

Es ist der Kreislauf der Natur, der uns Beweise dafür liefert, dass dieses kleine Wunder immer wieder geschehen kann und dass auch wir uns selbst und unser Leben erneuern können – auch dann, wenn schon alles zu Ende scheint. Die Natur macht es uns vor: Die Jahreszeiten kommen und gehen, die Bäume treiben aus und verlieren ihr Laub. Der Winter hüllt alles in todesähnliche Starre: Das Leben zieht sich zurück, ruht sich aus und »geht in die Pause«. Der Frühling jedoch weckt die scheinbar abgestorbenen Pflanzen wieder auf.

Wie oft bleiben wir im Frühjahr stehen und bestaunen dieses Wunder. Es sind dieser ewige Kreislauf und das Gesetz der Bewegung, denen alles Leben unaufhörlich folgt. Deshalb stellen Sie sich Erneuerung am besten wie eine Spirale vor, die unaufhörlich kreist und dabei immer weiter bis ins Unendliche aufsteigt.

Neben dem Zyklus der Jahreszeiten gibt es auch Zyklen der Verwandlung und Neuschöpfung, die noch tiefgreifender sind: So wird bei einem Menschen zum Beispiel aus einer Sehnsucht eine Beziehung. Aus einer Liebe wird ein Kind. Aus einem Kind wird ein Erwachsener. Aus seinen Gedanken werden Taten und Erfahrungen. Und aus seinem Leben werden wiederum Gedanken und Taten für andere Menschen, die ihm nahestehen – und so weiter. Immer bleibt etwas, was weiter wirkt und sich erneuert – oft ohne dass wir es groß registrieren. Schon das Wort »Lebenslauf« weist darauf hin, dass es Stillstand nicht gibt, sondern nur den Verlauf – die Entwicklung und ständige Veränderung, deren Ziel wir auch darin sehen können, »im Laufe eines Lebens« wie zu einem Diamanten geschliffen zu werden. Der Körper altert und zeigt Grenzen auf, aber der Geist, das Denken kann sein Leuchten weiter forttragen und Neues damit anstoßen.

Das heißt: Leben ist nichts Starres. Es existiert nichts, was sich nicht auch wieder verändern kann. Denn Leben ist Bewegung.

»Kann ich überhaupt anders sein?«

»Das klingt ja alles schön und gut«, mögen Sie denken, »aber wie kann ich dem Prinzip der Bewegung folgen und mich selbst und mein Leben erneuern, wenn ich Eigenschaften besitze, die ich nicht loswerde, die mich manchmal ärgern, aber mit denen ich mich seit langem arrangiert habe?« Ganz nach dem Motto: »So bin ich nun mal, was soll ich machen?« Und deshalb fragen Sie sich vielleicht auch: »Kann ich überhaupt anders leben – anders sein?«

Ich bin überzeugt, dass Sie es können. Aber um Missverständnisse gleich auszuräumen: Dieses Buch ist nicht als eine Aufforderung zu verstehen, eine Drehung um 180 Grad zu vollziehen, rasch die Koffer zu packen und Ihrem jetzigen Leben den Rücken zuzukehren, auch wenn Ihnen an manchen freudlosen Tagen danach zumute sein mag. Hier geht es nicht darum, etwas auf Biegen und Brechen an sich selbst und dem täglichen Dasein verändern zu wollen – koste es, was es wolle. Das wäre auch nicht klug. Denn vieles in Ihrem Leben ist gewiss sehr sinnvoll, gut und richtig und bedarf keiner Optimierung und Veränderung.

Gleichwohl ist anzuerkennen, dass Ihr Leben stets aus zwei Komponenten besteht. Die eine ist das Leben, das aus Ihrer Biografie heraus entstanden ist, wie etwa Ihr Elternhaus oder Ihre Familie – hier sind Sie hineingeboren worden. Die andere ist das Leben, das Sie sich selbst schaffen, nämlich durch Ihr Denken und Handeln, durch Ihre Persönlichkeit und Gewohnheiten – hier sind Sie selbst der Regisseur.

Seien Sie Ihr eigener Regisseur

Da mich seit jeher der Teil unseres Lebens beschäftigt, den wir kraft unseres bewussten Denkens und Verhaltens zum Besseren hin verändern können, möchte ich Ihnen Wege aufzeigen, wie Sie im Positiven mehr Einfluss auf all das nehmen können, was Sie an Ihrem momentanen Dasein stört. Das soll nicht heißen, dass Sie alles infrage zu stellen brauchen, sondern Sie sollten vor allem ein neues Verständnis von sich selbst bekommen.

Hierzu müssen Sie wissen, dass Ihre Persönlichkeit kein unveränderliches Gebilde ist. Sie können sie aus sich selbst heraus weiter ausbauen – ganz gleich, was Ihnen in die Wiege gelegt und durch Elternhaus und Familie mitgegeben wurde.

Wenn auch in der Wissenschaft lange Zeit die Auffassung vorherrschte, dass einzig und allein die Gene unseren Charakter ausmachen und uns steuern, so geht die moderne Psychologie inzwischen längst davon aus, dass außer sogenannten »Tendenzen« oder Veranlagungen nichts in Stein gemeißelt ist. Das bedeutet: Niemand kommt ängstlich oder mutig auf die Welt, und dementsprechend muss sich auch niemand mit seinen negativen Charaktereigenschaften einfach so abfinden. »Gene erzeugen kein Verhalten, sondern Proteine. Diese sind es, die Verhaltenstendenzen auf dem Weg über eine Reihe von Stoffwechselprozessen oder über psychische Vorgänge steuern. Daneben aber genügen schon Gedanken, um den Hormonspiegel steigen oder sinken zu lassen«, sagt Werner Greve, Professor für Psychologie an der Universität Hildesheim, einer der Verfechter der Ansicht, dass Persönlichkeitsmerkmale veränderbar sind. Also: Warum sollten Sie nicht dem aktuellen Grundzustand Ihres

Lebens treu bleiben und trotzdem Ihre Persönlichkeit so weit erneuern können, dass Sie Ihrem Leben eine bessere Richtung geben können? Was Sie dazu benötigen, ist lediglich die Bereitschaft, an sich zu arbeiten – Arbeit, die sich unendlich lohnt. Allein das Faktum, dass Sie bereits durch eine Veränderung der Gedanken und Gewohnheiten Ihren Hormonspiegel so weit verändern können, dass sich automatisch ein anderes Lebensgefühl einstellt, ist ein Beweis dafür, dass nicht erst Harry Potter mit dem Zauberstab oder der ersehnte Lottogewinn kommen muss, um unserem Leben eine neue Richtung zu geben. Wir können allein aus uns selbst heraus darauf Einfluss nehmen.

Auch wenn uns unsere familiäre Umwelt ängstlich oder schüchtern gemacht hat – wir können fast jedes Programm auch wieder ändern und uns zu den gewünschten mutigen oder selbstbewussten Menschen machen. Voraussetzung dafür ist, dass wir uns der Tatsache öffnen, nicht »fertig« und unveränderbar zu sein, sondern Erneuerungspotenzial zu besitzen, das auch bis ins hohe Alter nicht ausgereizt sein wird.

Denn glücklicherweise sind wir in der Lage, uns immer wieder bewusst zu machen, wozu wir leben. Wir können eine Vision entwickeln für die Zeit, die noch vor uns liegt, und eine Entscheidung treffen, wie wir in diese Zukunft hineingehen möchten. Und wir können immer wieder nachbessern, wenn wir spüren, dass das, was wir erreichen wollten, aus dem Ruder geraten ist. Das heißt: Jeder neue Tag bietet uns Chancen, den Faden neu aufzunehmen und weiter an sich zu arbeiten, um selbst gesetzte Ziele zu erreichen.

Ich behaupte nicht, dass es leicht geht. Und leider muss man auch feststellen, dass es Menschen gibt, die zwar veränderungswillig sind, aber dennoch immer wieder am gleichen Punkt scheitern:

Die erste Ehe geht in die Brüche: Beim nächsten Mal soll alles besser werden, und man gibt sich zunächst auch Mühe, doch dann geht auch die zweite Ehe schief – und vielleicht auch noch die dritte oder vierte.

Oder es gibt immer wieder Probleme mit dem Chef und den Kollegen: Die ersten Tage in der neuen Firma läuft alles reibungslos, der Job schafft Identifikation und macht Spaß. Doch dann dauert es nur ein paar Wochen, und schon hat man es sich mit allen verdorben – Ärger hier und da, die Motivation ist weg, und man möchte am liebsten schnellstens die Stelle wechseln.

Oder die Selbstständigkeit, zu der man sich berufen fühlt, endet immer wieder mit einer Pleite: Am Anfang hielt man sich selbst für den Größten, denn der Laden brummte und man lebte auf großem Fuß. Doch dann kam die Durststrecke, und es war nichts mehr übrig, wovon man zehren konnte – das große Haus und teure Auto, wie gewonnen, so zerronnen.

Woran liegt das? Warum fallen manche Menschen immer wieder dem gleichen destruktiven Muster ihrer Persönlichkeit anheim? Was ist der Grund dafür, dass einige Veränderungswillige nur wenig dazulernen, die anderen hingegen viel?

Man geht davon aus, dass schon Eindrücke vor oder unmittelbar nach der Geburt uns stark prägen – nicht als bewusste Erinnerung, sondern als eine im Körper gespeicherte Spur. Weil wir diese frühe Zeit nicht bewusst erlebt haben, neigen wir dazu, sie während unseres ganzen Lebens immer wieder zu inszenieren – sei es im Beruf, in der Partnerschaft oder im Umgang mit unseren Kindern. Je traumatischer die ersten Eindrücke nach der Geburt waren, desto stärker ist die Tendenz zur »Wiederholung« im späteren Leben.

So spürt ein »unerwünschtes« Baby zum Beispiel schon im Mutterleib, wenn die eigene Mutter oder vielleicht sogar die gesamte Familie es ablehnt. Auch als Kind wird es ihm nicht entgehen, dass man es eigentlich nicht haben möchte – dass es stört. Und so wird dieser Mensch möglicherweise auch als Erwachsener noch darunter leiden und sich schnell ausgeschlossen fühlen. Die Mittel, die er einsetzt, um Anerkennung zu erlangen (zum Beispiel Angeberei, Intrigieren oder Streitbarkeit), mag viele befremden. Doch steht oft nichts anderes dahinter als der tiefe Wunsch nach Anerkennung und Liebe.

Auch »Wiederholungstäter« können sich befreien

Auf irgendeinem Gebiet sind wir alle Wiederholungstäter – »Nobody is perfect«. Der eine mischt sich immer wieder ein und will alles besser wissen, obwohl er sich schon oft vorgenommen hat, sich zurückzuhalten. Der andere bejammert ständig die harten Seiten seiner gutbezahlten Karriere, obwohl ihm auch klar ist, dass sein Leben mit ein bisschen weniger Anspruchsdenken leichter würde. Der dritte neigt immer wieder dazu, zu dominieren und die Führung zu übernehmen, obwohl er längst weiß, wie schlecht ihm das zu Gesicht steht und wie sehr es seine Umgebung nervt.

Der Mensch muss erst noch geboren werden, dem ein klügerer Umgang mit den eigenen Persönlichkeitsanteilen gelingt, ohne nicht ab und zu auch mal wieder vom »alten Ich« eingeholt zu werden. Wir werden später noch darauf eingehen, wie man mit diesem Rückfall in alte Verhältnisse – davor sind wir alle nicht gefeit – am klügsten umgeht.

Wer von sich weiß, dass er sich seit Jahren immer wieder mit denselben Themen herumschlägt, die ihn ausheben, oder dass er jemand ist, der am Anfang mit viel Elan startet, dann aber, vielleicht an immer derselben Stelle, wieder »abdriftet«, der ist gut beraten, von vornherein sehr gründlich mit sich selbst zu verfahren. Vor allem sollte er Ursachenforschung betreiben. Das kann im Do-it-yourself-Verfahren geschehen, zum Beispiel mit Selbsthilfe-Büchern und Seminaren. Noch effektiver ist es natürlich mit der Unterstützung eines erfahrenen Psychologen oder Coaches.

Tatsache ist: Wiederholungstäter, die sich als solche nicht erkennen, haben es schwerer als andere, sich selbst und ihr Leben zu verändern. Die Gefahr, gleich auf den ersten Stufen stehen zu bleiben, ist groß – erfolgreich umsetzen können sie die Veränderungen trotzdem. Meine Erfahrung ist: Wer zu einer selbstkritischen Prüfung bereit ist und sich nicht scheut, bei der Suche nach den Hintergründen der eigenen Muster auch die Kindheit unter die Lupe zu nehmen, bekommt sofort besser ein Bein auf die Erde, wenn er Korrekturen an seiner Persönlichkeit vornehmen möchte.

Die Herausforderung ist dann, das vorhandene Potenzial an Wünschen und Zielen so auf den Weg zu bringen, dass man zum Beispiel nicht den zweiten vor dem ersten Schritt unternehmen will. Hierbei hilft schon ein gut ausgearbeiteter Fahrplan, in dem jede Veränderungsstation zu einem neuen Leben genau definiert ist – auch den werden wir später noch kennen lernen.

Unsere Persönlichkeit und die Forschung

Die Richtung ist also klar: Wir sind zwar geprägt von unseren Erfahrungen aus Kindheit und Jugendzeit. Und auch die genetischen Anlagen unseres Körpers lassen sich nicht verändern. So können wir auf unser Aussehen zum Beispiel wenig Einfluss nehmen. Der Körperbau, die Muskelmasse und die Knochendicke sind weitgehend festgelegt. Aus einem kleinen Menschen wird also kein großer, aus einem Menschen mit massiger Statur wird kein Leichtgewicht. Und ob wir früh ergrauen, als Mann eine Glatze bekommen oder als Frau eine barocke Figur – in all diesen Aspekten sind wir so, wie wir sind, und wir sollten es positiv annehmen.

Aber andere Aspekte sind sehr wohl formbar. Unsere Persönlichkeit ist – glücklicherweise! – kein unveränderliches Gebilde. Jeder Mensch kann seinen Charakter beeinflussen, auch wenn der eine etwas mehr und der andere etwas weniger dafür tun muss.

Es ist wichtig, dass Sie in dieser Hinsicht Ihr Wissen mit neuen Informationen füttern. Das kann man nicht oft genug sagen, denn die alten Dogmen der Psychologie haben sich zu einem Volkswissen entwickelt, das heute in vielen Köpfen herumspukt und eher behindert als hilft. »Ich bin halt so, weil ich eine schwere Kindheit hatte«, hört man zum Beispiel immer wieder. Oder: »Menschen ändern sich nie.« Doch wer so redet, steckt bereits fest, obwohl er noch eine Menge Spielraum hätte.

Das alte Denken

Lange Zeit glaubte man, dass Eindrücke aus der Kindheit für immer identitätsbestimmend seien. Salopp formuliert: Wer als Kind Pech hatte, kommt auch als Erwachsener auf keinen grünen Zweig. Und wenn Sie sich umschauen im Kreis jener, mit denen Sie Ihre Kindheit verbrachten, so werden Sie bestimmt auch Beispiele für diese Theorie finden.

Da ist jemand, der als Kind vom Elternhaus wenig Halt erfuhr, zudem vielleicht noch in einem sozialen Brennpunkt aufgewachsen ist und deshalb später auf die schiefe Bahn geriet.
 Ein anderer, der aus behütetem Hause stammte und die besten Schulen absolvierte, leitet heute ein Unternehmen oder ist in der Politik.

Es gibt tatsächlich diese frühen Eindrücke, die unsere Identität prägen – auf die eine oder andere Weise und je nachdem, was wir ihnen an innerer Kraft entgegenzusetzen haben. Aber niemand, wie man heute weiß, hängt wie eine Marionette an den Fäden seiner ersten Lebensjahre. Denn schließlich gibt es auch Tellerwäscher, die zum Millionär wurden, und Töchter und Söhne aus gut situiertem Elternhaus, die nichts auf die Reihe bekommen.

Das neue Denken

Heute weiß man: Selbstveränderung ist bis ins hohe Alter hinein möglich. Bahnbrechend für diese neue Erkenntnis war eine Studie der amerikanischen Persönlichkeitsforscher Brent W.

Roberts und W. F. DelVecchio. Sie haben 152 Längsschnittstudien erneut unter die Lupe genommen. Das Ergebnis: In der frühen Kindheit ist die Persönlichkeit noch sehr instabil. Ein erster Zuwachs an Stabilität zeigt sich mit etwa drei Jahren, im typischen Kindergartenalter. Ein zweiter Zuwachs folgt beim Verlassen des Elternhauses, also mit etwa 18 Jahren, ein dritter schließlich, wenn die eigenen Kinder das Haus verlassen, das heißt ungefähr mit 45 oder 50 Jahren.

»Diese Analyse zeigt erstmals überzeugend, dass eine wirklich hohe Stabilität sozial-emotionaler Persönlichkeitsmerkmale erst im höheren Erwachsenenalter erreicht wird«, erklärt auch Jens B. Asendorpf, einer der führenden Persönlichkeitsforscher in Deutschland. Nicht nur im Kindes- und Jugendalter, sondern auch noch im jüngeren Erwachsenenalter können also deutliche Persönlichkeitsveränderungen stattfinden. »Dies«, unterstreicht Asendorpf, »ist nicht vereinbar mit früheren, psychoanalytisch inspirierten Auffassungen, dass die Persönlichkeit vor allem in der frühen Kindheit geformt werde.«

Und das ist noch nicht alles: Heute weiß man auch, dass Erfahrungen das Gehirn verändern und in der Folge auch die Persönlichkeit. Wer sich also ein neues Verhalten »zulegt« und es auch regelmäßig trainiert, verändert sich dadurch langfristig. Dazu ein Beispiel:

Stellen Sie sich einen sehr schüchternen Menschen vor. Wenn er sich darin übt, regelmäßig Blickkontakt zu anderen Personen aufzunehmen, wird er auf Dauer mutiger und selbstbewusster auf andere Menschen zugehen. Sein Gehirn wurde durch regelmäßige Einübung von ihm umprogrammiert.

Mir selbst haben diese Erkenntnisse über die menschliche Persönlichkeit immer geholfen. Deshalb habe ich auch meine Arbeit darauf ausgerichtet. Ich bin davon überzeugt und erfahre immer wieder, dass dieser Weg auch von Erfolg gekrönt wird: Jede Frau, jeder Mann kann über die Einübung eines neuen Denkens und Verhaltens mit sich selbst »neue Erfahrungen« sammeln und auf diesem Weg die eigene, gewachsene Persönlichkeit verändern – egal, ob mit 30, 40 oder mit 60 Jahren. Sie wird auf diese Weise entwickelt, erweitert und erneuert. Das Resultat ist: Das Lebensgefühl verbessert sich, etwas Neues fängt an.

Niemand tut sich also einen Gefallen damit, wenn er sich auf etwas reduziert, das ihm seiner Meinung nach als Begrenzung seiner Persönlichkeit auferlegt ist. Es sei denn, er möchte sich selbst belügen, weil er einen Grund braucht, den bequem gewordenen Käfig, in dem er sitzt, nicht verlassen zu müssen.

Den Käfig der eigenen Kindheit jedenfalls, der uns bis ans Lebensende umgeben wird, gibt es nur als veraltete, verstaubte Vorstellung. Misten Sie diesen Käfig für sich aus. Warum sollten Sie sich mit dem Leben einer Raupe begnügen, wenn Sie auch ein Schmetterling sein können? Das Potenzial dazu ist jedenfalls in Ihnen. Sie müssen es nur freilassen.

Vorsicht: Selbstmissachtung!

Überkommene Vorstellungen von der Unveränderbarkeit der eigenen Persönlichkeit sind also definitiv ungeeignet, wenn man sich selbst ein neues Leben schenken möchte. Sie erzeugen lediglich eine Dunstglocke aus Frustration, Unzufriedenheit und

Mutlosigkeit. Wer sich davon befreien möchte, der muss lernen, seine wahren Bedürfnisse wertzuschätzen.

Damit eröffne ich ein heikles Thema. Wir leben schließlich in einer Gesellschaft, in der auf der einen Seite ein falsch verstandener Leistungsanspruch das Verhalten begünstigt, hart gegen sich selbst zu sein, sich den Anforderungen von Beruf und Familie zu stellen, ohne groß danach zu fragen, wie es einem selbst dabei geht. Auf der anderen Seite verlangen wir gleichzeitig ziemlich viel vom Leben und möchten unser Glück finden. Beides steht oft im Widerspruch zueinander und sorgt somit ständig für Reibung und Unzufriedenheit. Denn wie wollen wir die Ansprüche, Aufgaben und Pflichten der anderen erfüllen und dafür Leistung bringen, wenn wir gleichzeitig unsere eigenen Bedürfnisse gering schätzen und von uns selbst nicht verlangen, auch dafür Leistung zu bringen und ihnen in einem gesunden Maße gerecht zu werden?

Ich glaube, eine der größten Aufgaben als Mensch ist es, sich zu erkennen, an sich zu glauben und sich selbst das zu geben, was man braucht. Das heißt auch, akzeptieren zu lernen, dass unsere Bedürfnisse eine Art »Persönlichkeitssprache« darstellen. Sie wollen uns etwas sagen, über uns selbst – über unser psychisches und physisches »Gestricktsein«. Unsere Bedürfnisse zeigen uns Wege auf, wie wir ein zufriedener und gesunder Mensch sein können. Wer dieser Stimme nicht genug Gewicht beimisst oder sie immer wieder wissentlich überhört, der missachtet seine Bedürfnisse und damit auch sich selbst.

Für die meisten Menschen vollzieht sich diese Selbstmissachtung als schleichender Prozess. Jahr um Jahr wird verdrängt und verschoben, was man für sich gerne einmal in Anspruch nehmen möchte, sei es eine berufliche Veränderung oder ein bisschen mehr Zeit für sich selbst. Und irgendwann ist es zum Normalzustand geworden, den eigenen Bedürfnissen keinen Raum mehr zuzugestehen, wie sich auch in den beiden folgenden Fällen aus meiner Beratungspraxis zeigt.

Sabine, 38 Jahre, arbeitet als Producerin bei einem privaten TV-Sender. Wer sie trifft, sieht zuerst eine sehr attraktive Frau. Erst auf den zweiten Blick fällt auf, dass sie nie lächelt. Der Grund: Sie hat es verlernt, und zwar, seit ihre Eltern sich getrennt haben. Was für die Mutter als eine Befreiung gedacht war, wurde für Sabine zur Tortur. Ob im Büro oder zuhause, überall ruft ihre Mutter sie an und macht Sabine Schuldgefühle nach dem Motto: »Ich bin allein, und du kümmerst dich nicht um mich.« Dabei fährt Sabine jedes zweite Wochenende zu ihrer Mutter, um mit ihr einen Nachmittag zu verbringen. Als die Mutter nach einer Hüftoperation im Krankenhaus lag, fuhr sie jeden Tag sogar über 100 Kilometer, brachte ihr Geschenke und versuchte sie aufzuheitern. Doch der Mutter reicht das nicht. Sie nörgelt herum, kritisiert Sabines »Klamotten« und ihren Freund. Dieser ist inzwischen weg, dabei wollte Sabine ihn fürs Leben haben. Doch sie wacht nicht auf und versucht weiterhin vergeblich, ihre Mutter glücklich zu machen – letztendlich, um ihre Liebe und Anerkennung zu bekommen. Aus dem fehlenden Lächeln ist inzwischen ein harter Zug um den Mund geworden. Denn viele ihrer Freunde und Bekannten sind inzwischen an ihr »vorbeigezogen« – sie haben geheiratet, ein Kind bekommen, ein Haus gebaut oder Karriere gemacht. An die Verwirklichung eigener Träume und Pläne aber mag Sabine kaum noch glauben. Dazu fühlt sie sich kräftemäßig zu oft »total am Limit« und ist sie zu sehr darin verstrickt, es ihrer Mutter recht zu machen.

Gero, 46 Jahre, hat als Arzt der Allgemeinmedizin eine eigene Praxis. Täglich hat er ein Ohr für die Nöte anderer – ein richtig netter Mensch, der zuhören kann und gerne hilft. Doch sich selbst hilft er nicht. Gero arbeitet zu viel, gönnt sich kaum Ruhepausen, fährt nie in den Urlaub und gibt fast jedem Patienten seine private Mobilnummer »für den Notfall«. Seit langer Zeit schon sendet sein Körper Stress-Signale: Sein Nacken ist verspannt, sein Rücken schmerzt, sein Magen drückt, manchmal ist er regelrecht depressiv. Doch statt sein Leben zu ändern, schluckt er Tabletten. Als Arzt weiß er ja, welche ihn aufrecht halten. Oder er betäubt sich am Wochenende mit Alkohol in den Szene-Bars. Nach einigen Gläsern beginnt er davon zu schwärmen, wie toll es wäre, ein bisschen mehr wie ein Lebenskünstler zu leben, weniger zu arbeiten, öfter mal im Straßencafé zu sitzen, eine neue Frau kennen zu lernen, mit ihr sein Leben zu teilen und die Welt zu bereisen. Doch tags darauf hat ihn sein »Helfersyndrom« wieder fest im Griff: Es lässt ihm keine Zeit für einige ruhige Minuten mit einem Latte macchiato im Café an der Ecke, keine Zeit, neue Menschen kennen zu lernen, und keine Zeit, den herannahenden Burn-out auf sich zukommen zu sehen.

Erinnern Sie diese Beispiele an jemanden aus Ihrer Familie oder aus Ihrem Freundeskreis, oder erkennen Sie sich gar selbst darin wieder? Wenn dem so ist, habe ich direkt eine gute Nachricht für Sie: Den Blick für die eigenen Bedürfnisse kann man sich zurückerobern. Aus Selbstmissachtung kann wieder Selbstachtung werden – und das ist die Grundlage dafür, um sein Leben wieder aus der Grauzone herauszuholen und in eine positive Richtung zu lenken. Auch bei Sabine und Gero konnte die Wende eingeleitet werden – davon berichte ich noch.

Selbstmissachtung kommt meist nicht allein

Wie kommt es überhaupt dazu, dass Menschen diese missbilligende Haltung sich selbst gegenüber einnehmen? Was sind die Ursachen? Und: Woran erkennen Sie, dass Sie möglicherweise auch dazu tendieren, sich manchmal zu missachten?

Als Erstes gilt: Die wenigsten sind sich ihrer Selbstmissachtung bewusst. Kaum jemand, der jeden Tag sein Bestes gibt für die Familie, die Kinder, die Firma oder die Eltern und sich selbst dabei zurückstellt, kommt auf die Idee, dass dieser gut gemeinte, aber übermäßige Einsatz eines Tages als Bumerang zurückkommen und ihn übel erwischen kann. Solange es nicht gelingt, sich dies bewusst zu machen, bleibt die Selbstmissachtung unerkannt und die Gefahr droht, sich daran zu gewöhnen. An den nachstehenden »Mangelerscheinungen« können Sie erkennen, ob Sie, Ihr Partner, Ihre Partnerin oder Ihre Freunde zu dieser Gruppe Menschen gehören.

Menschen, die ihre eigenen Bedürfnisse missachten, verfügen in der Regel über:

Zu wenig Selbstliebe Sie haben kein Gefühl dafür, was sie ihrem Körper und ihrer Seele zumuten können, strapazieren ihre Gesundheit, indem sie zum Beispiel zu viel arbeiten, rauchen oder trinken, keinen Sport treiben oder aber sich dabei überfordern. Sie gehen alles in allem nicht gut mit sich selbst um.

Zu wenig Selbstvertrauen Sie nutzen Chancen und Möglichkeiten nicht, weil sie nicht an sich selbst glauben und sie sich für unfähig halten, Entscheidungen zu treffen oder Herausforderungen anzunehmen. Sie fühlen sich klein und nicht viel wert.

Zu wenig inneren Frieden Sie können schlecht entspannen und loslassen; immer haben sie das Gefühl, benachteiligt zu sein oder irgendetwas hinterherjagen zu müssen. Sie sind nie mit dem zufrieden, was ist und erreicht wurde.

Zu wenig innere Freiheit Sie lassen sich leicht von anderen ausnutzen und funktionalisieren, denn sie können schlecht »Nein« sagen. Sie sind davon besessen, für ihren selbstlosen Einsatz die Anerkennung und Liebe anderer zu bekommen.

Erkennen Sie sich in einem oder mehreren dieser Punkte wieder? Dann sollten Sie lernen, dieses alte, negative Selbstbild zu verabschieden und sich für ein neues zu öffnen. Denn nicht nur, dass es Ihnen dabei im Weg steht, sich selbst und Ihr Leben in eine gewünschte Richtung zu verändern. Es besteht zudem auch die Gefahr,

- dass Sie körperlich krank werden, weil jeder Organismus Pausen und Zeit zum Auftanken und Entspannen braucht;
- dass Sie von einem Burn-out-Syndrom heimgesucht werden, weil die Seele sich nicht auf Dauer knechten lässt und eine Leitung, die immer brennt, irgendwann durchbrennt;
- dass Sie Ihre Beziehung gefährden, weil Sie Ihre Bedürfnisse nicht artikulieren oder kein guter Partner mehr sein können;
- dass Sie in Ihrem Beruf nicht den gewünschten Erfolg erzielen, weil Sie Ihre Kräfte und Ihr Können an der falschen Stelle einsetzen und sich übervorteilen lassen;

- dass Sie falsche Freunde anziehen, nämlich solche, die sich aus strategischen Gründen mit Ihnen anfreunden und die Ihnen – wenn Sie mal Hilfe nötig haben – nicht beistehen;
- dass Sie in eine Lebenskrise geraten, weil Ihnen eines Tages schmerzlich vor Augen geführt wird, dass Ihnen niemand das Zurückstecken der eigenen Wünsche und das Dasein für andere dankt, dass Sie stattdessen den Anschluss verpasst haben und deshalb den Sinn Ihres Lebens infrage stellen.

Selbstmissachtung verstellt den Blick fürs Positive

Hier zeigt sich die Tücke der Selbstmissachtung, denn sie kann die oben beschriebenen Folgen nach sich ziehen. Jeder Mensch neigt dazu, nur das wahrzunehmen, was sein Selbstbild auch bestätigt. Und wer nur eine geringe Selbstachtung hat, der erkennt die erreichbaren Freiräume nicht. Obwohl sie durchsetzbar wären und andere ihm sogar gerne helfen würden, sie zu realisieren, übersteigt das seine Kräfte.

So merkwürdig das auch klingt: Man sieht so nie die Realität an sich. Das, was man wahrnimmt, wird vielmehr von den Erwartungen gesteuert. Anders formuliert: Wer die dunkle Brille der Selbstmissachtung auf der Nase trägt, hat keinen Durchblick in Bezug auf die Möglichkeiten, die ihm sein Leben bietet.

Dieser »dunkle Blick« trübt jedoch nicht nur die Zukunft mit ihren Möglichkeiten, sondern auch die Vergangenheit und die eigenen Erinnerungen. Wer kein gutes Bild von sich selbst hat, erinnert sich auf Nachfrage vor allem an all die Anläufe, die nicht geklappt haben, an die Fehlversuche und unglücklichen Momente. Die Erfolge und erfreulichen Entwicklungen im eigenen Leben hingegen bleiben verschwommen und schwer erkennbar. Beim Blick zurück sieht man vor allem die grauen und weniger die bunten Tage.

Menschen mit einer Tendenz zur Selbstmissachtung stellen auch ihr Licht eher unter den Scheffel, als es für alle sichtbar leuchten zu lassen. Sie erachten ihre persönlichen Qualitäten und Fähigkeiten als nicht wertvoll und erwähnenswert, wünschen sich aber insgeheim, dass die Menschen in ihrer Umgebung sie dennoch erkennen und anerkennen mögen. Dieser paradoxe Ansatz wirkt dann nicht selten als negativer Verstärker für die eigene Selbstachtung. Denn einerseits halten sie ihr Können versteckt und bekommen dadurch auch kein positives Feedback von anderen. Andererseits ziehen sie daraus den Schluss, dass sie wohl doch nicht über anerkennenswerte Qualitäten verfügen – und fühlen sich durch die Nichtreaktion der anderen in ihrer geringen Selbstachtung bestätigt.

Es geht noch weiter: Frauen und Männer mit der Tendenz zur Selbstmissachtung tun sich auch schwer damit, Entscheidungen zu treffen. Lieber zögern sie, weichen aus und verschieben etwas – aus Angst, eine falsche Entscheidung zu treffen. Je mehr sie sich unter Druck fühlen, desto schlimmer wird es. Und dabei ist es gleich, ob es um die Auswahl einer Glückwunschkarte für den Geburtstag der besten Freundin oder um die angebotene berufliche Beförderung mit mehr Verantwortung und Kompetenzen geht. Nach jeder Entscheidung glauben sie, dass sie mit der jeweils anderen Lösung eine bessere Wahl getroffen hätten. Dafür machen sie sich Vorwürfe.

Seien Sie nachsichtig mit sich selbst

An dieser Stelle habe ich eine Bitte an Sie: Folgen Sie nicht dem gerade genannten Beispiel und machen *Sie* sich bitte keine Vorwürfe, falls Sie nun noch stärker als vorhin den Verdacht hegen sollten, selbst auch zu jenen zu gehören, die sich – zumindest in gewissen Zeiten – selbst missachten. Hadern Sie nicht mit sich. Sehen Sie es als Resultat einer Entwicklung, die Sie sich nicht ausgesucht haben. Was jetzt zählt ist, dass Sie beginnen, die Zusammenhänge zu reflektieren und sich nicht weiter unbedacht den Blick auf sich selbst und Ihr Leben zu verstellen.

Jeder von uns hält in gewissem Maß an einem Denken oder Verhalten fest, das falsch ist. Denn wir alle sind Menschen mit einem sehr persönlichen Werdegang voller Höhen und Tiefen, keine Roboter. Deshalb ist niemand von uns frei von Schwächen und Fehlern. Wichtig ist nur, dass wir dann, wenn wir uns selbst erkennen, nicht die Vogel-Strauß-Taktik anwenden und den Kopf in den Sand stecken, sondern dass wir an uns arbeiten. Dazu brauchen wir die Einsicht, dass Selbstmissachtung als Grundlage zur Lebensveränderung denkbar ungeeignet ist. Ich bin überzeugt davon, dass sie sogar der »Lebensverhinderer« par excellence ist. Diese Erfahrung mache ich in meiner Beratungspraxis immer wieder.

Sie müssen sich also innerlich für etwas Neues öffnen, für die Einsicht, dass Ihre Bedürfnisse, Potenziale und Fähigkeiten achtenswert sind. Behalten Sie dies auch im Alltag »auf dem Schirm«, und lernen Sie, ihnen mehr Raum zu geben und dafür zu kämpfen. Die Mittel, die Sie einsetzen können, um ein neues, positives Selbstbild aufzubauen, werden Sie später noch kennen lernen.

Abschließend möchte ich noch einmal von Gero und Sabine berichten: Beide haben ebenfalls den Weg zu einem neuen, positiven Selbstbild angetreten. Ich konnte sie im Coaching davon überzeugen, ihr Leben einmal aus der Vogelperspektive zu betrachten. Dabei fiel beiden auf, wie kontraproduktiv sie sich gegenüber ihren Bedürfnissen verhalten und in welchem Maß sie Selbstachtung gegen einen falsch verstandenen und übermäßigen Einsatz für andere eingetauscht hatten. Vor allem bekamen sie erstmals ein Gefühl dafür, was alles geschehen kann, wenn sie so weitermachen. Der Schock war heilsam. Danach konnte ich mit ihnen daran arbeiten, wie sie ihre Veränderung schaffen können. Mit folgendem Resultat:

Gero hat einen zweiten Arzt in seine Praxis aufgenommen, mit dem er sich den Patientenstamm teilt. Zwar muss er nun die Einnahmen halbieren und seinen Sportwagen verkaufen, dafür hat er heute aber viel mehr Zeit, um mal genüsslich im Café zu sitzen oder mit seinen Freunden Musik zu machen. Neulich schrieb er mir sogar eine E-Mail mit dem Wortlaut: »Habe jemanden kennen gelernt ... scheint was Ernstes zu sein ... ich bin happy.« Gero ist also auf einem guten Weg.

Auch bei Sabine bin ich guter Dinge. Sie fasste sich endlich ein Herz und damit den Entschluss, die psychische Last, die ihr ihre Mutter nach der Scheidung übertragen hat, nicht mehr zu schultern. Sie minimierte den sich selbst auferlegten Plan, stets für ihre Mutter greifbar zu sein, und gönnt sich heute wieder mehr Zeit für sich selbst. Um sich aus dieser Abhängigkeitsproblematik zu befreien, musste sie im Kopf so manche harte Nuss knacken. Doch inzwischen fühlt sich Sabine nicht mehr »total am Limit« und hat auch keine Schuldgefühle mehr, wenn sie nur noch alle paar Wochen zu ihrer Mutter fährt. Und siehe da: Die Beziehung hat sich gedreht. Sabines Mutter hat auf das veränderte Verhalten nicht böse, sondern positiv reagiert. Heute ist sie froh, wenn Sabine anruft oder zu Besuch kommt, und sie nörgelt auch nicht mehr an ihr herum. Neulich fragte sie Sabine sogar: »Geht's dir gut?« Das ist doch ein Anfang!

Selbstbestimmung heißt der Weg

Wenn Sie noch immer möchten, dass in Ihrem Leben etwas Altes aufhört und dafür etwas Neues anfängt, dann kommen Sie weiter mit. Die ersten Schritte auf diesem Weg sind bereits gemacht. Nun gilt es, ihm bis ans Ziel zu folgen.

Manch einer mag trotz seiner Wünsche noch zögern und folgendermaßen argumentieren: Da sind die Kinder, die Familie, der Partner, die Verpflichtungen im Beruf und die Verantwortlichkeiten und Aufgaben zuhause. Da ist Kontinuität gefragt und ein Aufhören und Neuanfang so leicht nicht möglich.

Doch es geht auch gar nicht darum, die eigene Existenz mit allen gewachsenen Verbindungen wie eine Festplatte zu behandeln, auf der man Dateien, die unbrauchbar geworden sind, einfach löschen und dafür neue anlegen kann. Der Anfang zu Ihrer Lebensänderung besteht deswegen zunächst daraus, eine Koexistenz zu erreichen zwischen dem, was bleiben muss, und dem, was sich ändern soll. Bewahrungsbedürfnisse lassen sich mit Erneuerungsbedürfnissen durchaus verbinden. Sie nehmen sich also an, so wie Sie sind, stellen sich aber dennoch die Frage, was Sie noch aus sich und ihrem Leben machen können und wollen. Und entscheiden dann selbst, wie weit Sie gehen wollen.

Seien Sie also unbesorgt: Es geht nicht darum, zum Verwandlungskünstler zu avancieren, der sich blitzschnell von einer Person in eine andere verwandelt. Das Tempo Ihrer Erneuerung bestimmen Sie ganz allein. Doch eines ist auch klar: »Abwarten und Tee trinken« ist mit Sicherheit die falsche Strategie – birgt sie doch die Gefahr, sich weiterhin mehr oder minder freudlos durch die Tage zu schleppen, sich Träumereien hinzugeben und alles, was praktisch dafür unternommen werden müsste, auf unbefristet zu verschieben.

Blockieren Sie sich nicht selbst

Je älter und reifer Sie werden, desto mehr Möglichkeiten haben Sie, sich Ihre Lebensweise selbst auszusuchen. Wenn Sie und Ihr tägliches Umfeld nicht mehr zusammenpassen, haben Sie die Freiheit, sich ein neues einzurichten. Sie sind dazu in der Lage, denn Sie sind erwachsen. Deshalb dürfen Sie sich von der eigenen inneren Abwehr nicht aufhalten lassen. Typische Phrasen wie die folgenden sollten Sie erst recht nicht gelten lassen, da sie doch nichts anderes bezwecken, als den eigenen Veränderungswillen zu brechen und jede Initiative im Keim zu ersticken:

Zehn typische Phrasen, mit denen Sie sich selbst blockieren

1. »Ich kann das nicht.«
   Bedeutet: »Das funktioniert bei mir nicht – mir fehlen die Fähigkeiten, Möglichkeiten und Erfahrungen.«

2. »Die Umstände erlauben es nicht.«

   Bedeutet: »Die momentane Wirtschaftssituation, die Politik, die Gesetze sind ungünstig – meine Verpflichtungen als Mutter / Vater, Angestellter oder Chef lassen es nicht zu.«

3. »Die anderen sind dagegen.«

   Bedeutet: »Das erlaubt mir mein Partner / meine Familie / mein Chef nicht.«

4. »Das tut man doch nicht.«

   Bedeutet: »Das macht doch sonst auch keiner – meine Eltern, Freunde, Kollegen oder Nachbarn brechen doch auch nicht aus. Kein vernünftiger Junge wird Tänzer statt Fußballer.«

5. »Mir fehlen dazu die Mittel.«

   Bedeutet: »Ich kann mir das nicht leisten, wovon soll ich dann leben, wie soll ich dann die Familie ernähren, ich müsste mich einschränken.«

6. »Ich bin dafür zu alt / zu jung.«

   Bedeutet: »Das hätte ich früher machen sollen, jetzt ist es zu spät – das kann ich später noch machen, wenn ich die Rente durch habe und die Kinder mal aus dem Haus sind.«

7. »Das ist mir schon einmal misslungen.«

   Bedeutet: »Ich habe es vor Jahren ja schon mal versucht – damals hat es auch nicht geklappt.«

8. »Ich kann doch nicht so egoistisch sein.«

   Bedeutet: »Das kann ich den anderen doch nicht zumuten – wie soll denn mein Partner, meine Familie mal ohne mich auskommen?«

9. »Dann werde ich einsam sein.«

   Bedeutet: »Wenn ich das tue, wird mich mein Partner / meine Partnerin vielleicht verlassen, oder ich selbst muss den Mut aufbringen, den Weg auch ohne den anderen zu gehen.«

10. »Lieber den Spatz in der Hand als die Taube auf dem Dach.«

    Bedeutet: »Ich gehe erst besser gar nicht das Wagnis ein, denn ich bin für Größeres nicht gemacht. Ich bin zu klein, zu blöd, zu unattraktiv und so weiter.«

Nur wer sich ändert, bleibt sich treu

Führen Sie sich immer wieder die Tatsache vor Augen, dass Leben Veränderung ist. Kontinuität und Bewegung, Sicherheit und Auflösung, Abschied und Neustart gehören zu unserem Dasein dazu. Nur die innere Bereitschaft, sich auf diese Art von Leben einzulassen, bringt Sie Ihren Zielen näher. Nur wenn Sie sich nirgendwo festhalten und sich trauen, den sicheren Haltegriff immer wieder loszulassen, bekommen Sie die Hände frei, um etwas Neues auf den Weg zu bringen.

Setzen Sie sich daher über die eigene Abwehrhaltung hinweg

und nutzen Sie Ihre Chancen. Sie brauchen dafür keine Opfer zu bringen, Sie können sich treu bleiben und sich dennoch verändern. Sie können beispielsweise eine Frau sein, die Karriere macht und die trotzdem eine gute Mutter ist, eine Super-Freundin, eine kluge Beraterin, eine Malerin, ein Sport-Ass ... Und Sie können ein Mann sein, der ein verlässlicher Partner und Vater ist, ein Angestellter, Unternehmer oder Hausmann, der aber gleichzeitig auch ein Philosoph ist, ein Abenteurer, ein Koch, ein Gärtner, ein Schriftsteller ... Was auch immer – all das ist möglich, solange Sie im Kopf keine Barrieren errichten.

Das Spektrum an Veränderungsmöglichkeiten ist weitreichend. Vielleicht steigen Sie nach längerer Arbeitslosigkeit wieder in Ihren Job ein; oder andersherum, Sie möchten sich in Ihrem jetzigen Job verändern, weil Sie dort nicht alt werden möchten, weil er Sie nicht fordert oder Sie vielleicht Mobbing erleben; Sie möchten auf eine »halbe Stelle« gehen, ein Sabbatjahr nehmen oder sogar ganz raus und woanders in besserer Position arbeiten oder sich selbstständig machen; Sie träumen von privaten und sozialen Veränderungen, möchten sich als Mensch weiterentwickeln, selbstbewusster und authentischer werden; oder Sie suchen Lösungen für eine Beziehung, die nicht mehr glücklich ist, oder neue Lebensperspektiven, mehr Freiraum, mehr Selbstverwirklichung, mehr Lebenssinn.

Es gibt viele Wege, sich zu verändern, und jeder bedeutet Arbeit – und zwar an sich selbst, gegen die eigenen Vorbehalte und die Widerstände von anderen. Aber diese Arbeit zahlt sich aus: Es ist schön, sich wieder neu zu spüren. Sich eines Tages hingegen eingestehen zu müssen, im Leerlauf hängen geblieben zu sein, den Moment verpasst und seine Chancen nicht genutzt haben, kann zu einer großen seelischen Belastung führen. Nicht selten gehen gebrochene Persönlichkeiten daraus hervor – Menschen, die aus Angst stets an allem festhielten und dabei in Apathie verfielen.

Erfolg folgt für den, der sich selbst folgt

Ich bin überzeugt davon, dass die Persönlichkeit eines jeden Menschen reich angelegt ist: Wir alle haben viel mehr Möglichkeiten in uns, als wir glauben, um uns selbst und unser Leben zu verändern. Und dabei müssen wir das, was uns heilig ist und nicht angetastet werden soll, nicht mit aus den Angeln heben.

Auch die Rahmenbedingungen für Veränderungen sind oft viel besser, als man meint. Ideal werden sie ohnehin nie sein können. Folglich sind sie heute so gut oder so schlecht wie morgen oder in einigen Monaten oder Jahren. Was zählt, ist daher nicht, ob wir genügend Geld zusammen haben, zurzeit getrennt leben, die Arbeitsmarktlage gut oder ungünstig ist, der Partner mitziehen möchte oder nicht oder was gar unser Horoskop für eine Prognose stellt. Das Einzige, was uns weiterbringt, ist, sich der Herausforderung zu stellen, den weiteren persönlichen Weg neu bestimmen zu wollen, anstatt ihn sich selbst auszureden.

Wie konsequent Sie ihn dann gehen möchten und wovon Ihr persönlicher Befreiungsschlag am Ende geprägt sein soll, bleibt Ihnen überlassen. Ob Sie sich ganz langsam vortasten oder ob Sie gleich mit einem Satz mitten hineinspringen möchten. Ob

Sie mit kleinen Steigungen beginnen wollen, um sich erst einmal Kondition zu verschaffen, oder sich so gut vorbereitet fühlen, um im ersten Anlauf gleich einen Achttausender zu erklimmen – alles ist besser, als sich selbst festzunieten.

Sie können als Spaziergänger beginnen und – falls Sie so weit gehen wollen – zum »Grenzgänger« werden, der seinen Mut immer wieder zusammennimmt, um noch höher zu steigen und noch weiter zu gehen. Diesen Transit hat Reinhold Messner, der Bergsteiger und passionierte »Grenzüberschreiter«, einmal so beschrieben:

»Ich blieb offen für alles Undenkbare. Mein Leben wurde so ein einziger Lernprozess. (…) Nach und nach habe ich gelernt, zu wählen, zunehmend bewusster zu entscheiden. Heute mache ich alles viel pragmatischer als früher. Ich weiß, auch radikaler. Aber ich folge nach wie vor dem Weg meines Herzens. Ich spiele so gern mit meinen Fähigkeiten. Auch mit Ideen, mit Möglichkeiten. Der Prozess, der mich zu dem gemacht hat, der ich heute bin, ist ein stetiger Selbstbestimmungsweg. (…) Denn Lebenslust hat mit einem bewusst eingesetzten Leben zu tun. Und mit der Freiheit, sein Leben zu wagen.«

Für dieselbe Lebensphilosophie möchte ich auch Sie begeistern. Denn nur ein selbstbestimmtes Leben macht uns zufriedener und zukunftsfähiger. Ob Sie allein sind und nur nach Ihren eigenen Wünschen vorgehen oder mit Partner und Familie leben – Sie können sich die Freiheit für beides nehmen: Verantwortung zu tragen und zugleich den selbst gesetzten Anspruch zu erfüllen, das eigene Leben immer wieder zu erneuern, wenn Ihr Herz Sie nach mehr Sinn, mehr Erfüllung oder mehr Entwicklung drängt.

Wollen Sie diese Freiheit für sich beanspruchen? Gut! Denn es ist diese erste Entscheidung, die Ihnen den weiteren Weg um vieles leichter macht: *Die Entscheidung, das Beste aus sich selbst und seinem Leben machen zu wollen.*

2. Die Wartezeit ist vorüber

Machen Sie jetzt bitte für zwei Minuten Ihre Augen zu und werfen Sie einmal einen Blick auf Ihr momentanes Leben. Sehen Sie sich selbst zu: bei der Arbeit, beim Erledigen von Alltagsaufgaben, beim Umgang mit anderen Menschen und mit sich selbst, bei all den vielen Dingen, die Sie, gern oder ungern, jeden Tag tun.

Und nun öffnen Sie wieder die Augen und fragen sich bitte, was Sie gesehen haben und wie sich das anfühlte. Welches Gesamtgefühl hat Ihnen diese kurze Sicht auf Ihr Leben vermittelt? Würden Sie es als relativ ausgeglichen bezeichnen oder eher als ziemlich stressig und von diversen Schwierigkeiten und negativen Beeinflussungen geprägt? Wenn Sie nach diesem Schnelltest sicher und überzeugt sagen können »alles im grünen Bereich«, dann sind Sie zu beglückwünschen. Falls Sie jedoch zu den Menschen gehören, die mit dem, was sie täglich tun und erleben, nicht ganz so zufrieden sind und hier und da eine Korrektur des Ist-Zustandes begrüßen würden, sollten Sie sich jetzt die Zeit nehmen, noch etwas genauer hinzusehen.

Wo stehen Sie zurzeit?

Mithilfe der Fragen des folgenden ausführlichen Selbsttests können Sie gezielt prüfen, ob Ihnen eine Veränderung guttun würde und in welchem Bereich Ihres Lebens sie besonders angebracht wäre. Sie können jede Frage durch ein Kreuzchen mit »Ja« oder »Nein« beantworten. Möchten Sie jedoch ungern in dieses Buch hineinschreiben, können Sie die Beantwortung auch auf einem gesonderten Blatt vornehmen. Die Hauptsache ist, Sie gehen Ihre Bestandsaufnahme so ehrlich wie möglich an und versuchen nicht, sich selbst etwas vorzumachen oder die bestehende Situation schönzureden. Denn nur eine selbstkritische Einschätzung schafft die richtige Basis dafür, um aus Ihrem Leben das Beste zu machen.

Selbsttest: Sind Sie reif für eine Veränderung?

Ihre körperliche Verfassung und Gesundheit

- Fühlen Sie sich insgesamt abgeschlagen und erschöpft? .... ○ ja   ○ nein

- Können Sie schlecht ein- oder durchschlafen? .... ○ ja   ○ nein

- Verspüren Sie Schmerzen im Rücken (Bandscheibenbereich)? .... ○ ja   ○ nein

- Ist Ihr Schulter- und Nackenbereich immer wieder verspannt? .... ○ ja ○ nein
- Plagen Sie öfter Kopfschmerzen oder Migräne? .... ○ ja ○ nein
- Leiden Sie häufig unter Magendrücken oder -übersäuerung? .... ○ ja ○ nein
- Neigen Sie zu schnellem, flachem Atmen? .... ○ ja ○ nein
- Flimmert es Ihnen manchmal vor den Augen? .... ○ ja ○ nein
- Nehmen Sie vermehrt Ohrgeräusche (Rauschen, Fiepen) wahr? .... ○ ja ○ nein
- Gibt es andere Auffälligkeiten? .... ○ ja ○ nein

Ihre Gefühle und Gedanken

- Haben Sie wiederkehrend das Gefühl, dass Ihnen alles zu viel wird? .... ○ ja ○ nein
- Sind Sie insgesamt dünnhäutiger und rascher genervt als sonst? .... ○ ja ○ nein
- Fühlen Sie sich oft so, als würden Sie gleich losheulen? .... ○ ja ○ nein
- Können Sie sich schlecht konzentrieren? .... ○ ja ○ nein

- Machen Sie sich Sorgen über Ihr Alter oder Ihre Zukunft? .... ○ ja ○ nein
- Leiden Sie verstärkt unter Angstgefühlen oder Panikattacken? .... ○ ja ○ nein
- Denken Sie manchmal, dass andere schlecht über Sie reden? .... ○ ja ○ nein
- Vergleichen Sie sich oft mit Leuten, denen es scheinbar besser geht? .... ○ ja ○ nein
- Kommt Ihnen zuweilen der Gedanke, Sie würden für etwas bestraft? .... ○ ja ○ nein
- Grübeln Sie häufig über gemachte Fehler in der Vergangenheit nach? .... ○ ja ○ nein
- Fühlen Sie sich innerlich leer und kräftemäßig ausgepumpt? .... ○ ja ○ nein
- Denken Sie, dass Ihr Leben früher besser war? .... ○ ja ○ nein
- Ist Ihre Lust auf Sex deutlich weniger geworden? .... ○ ja ○ nein
- Haben Sie kaum mehr Ziele, auf die Sie sich freuen können? .... ○ ja ○ nein
- Fühlen Sie sich mit Ihren Gedanken und Gefühlen sehr allein? .... ○ ja ○ nein
- Haben Sie immer wieder den gleichen Traum oder Albtraum? .... ○ ja ○ nein
- Gibt es andere Auffälligkeiten? .... ○ ja ○ nein

Ihr Verhalten

- Möchten Sie morgens oftmals nicht aufstehen, um sich den aktuellen Problemen nicht stellen zu müssen? .... ○ ja ○ nein

- Wollen Sie momentan am liebsten mit niemandem reden müssen – gehen Ihnen alle auf die Nerven? .... ○ ja ○ nein

- Bekommen Sie plötzliche Wutausbrüche, die Ihnen dann anschließend wieder leid tun? .... ○ ja ○ nein

- Sind Sie oft unentschlossen und können sich schlecht entscheiden? .... ○ ja ○ nein

- Neigen Sie zurzeit zu exzessivem Essen, Trinken, Rauchen, Fernsehen oder Ähnlichem? .... ○ ja ○ nein

- Schleppen Sie sich mehr oder minder durch Ihren Alltag? .... ○ ja ○ nein

- Laufen Sie ständig auf Hochtouren, weil Sie innerlich unruhig sind? .... ○ ja ○ nein

- Lachen Sie weniger als früher? .... ○ ja ○ nein

- Greifen Sie häufig zu Medikamenten, zum Beispiel gegen Kopfschmerzen, Schlafstörungen, Nervosität oder Magendrücken? .... ○ ja ○ nein

- Kommen Sie immer öfter zu dem Schluss, dass das, was Sie tun, sinnlos ist, und fehlt Ihnen dann der Antrieb? .... ○ ja ○ nein

- Können Sie anderen nicht mehr richtig zuhören? .... ○ ja ○ nein

- Reagieren Sie auch auf konstruktive Kritik überzogen, weil Sie sich angegriffen fühlen? .... ○ ja ○ nein

- Sind Sie in letzter Zeit eher etwas zwanghaft als locker? .... ○ ja ○ nein

- Gibt es andere Auffälligkeiten? .... ○ ja ○ nein

Ihre Arbeit

- Haben Sie keine richtige Freude mehr an Ihrer Arbeit? .... ○ ja ○ nein

- Fühlen Sie sich in Ihrem Job zunehmend über- oder unterfordert? .... ○ ja ○ nein

- Leiden Sie unter einer zunehmenden Eintönigkeit der Arbeitstage? .... ○ ja ○ nein

- Ist Ihnen Ihr Chef unerträglich? .... ○ ja ○ nein

- Fühlen Sie sich in der Hauptsache von Kollegen umgeben, die Ihnen nicht wohlgesinnt sind? .... ○ ja ○ nein

- Sind Ihnen die Kunden und deren Anliegen ein Gräuel geworden? .... ○ ja ○ nein

- Haben Sie das Gefühl, durch Ihren Job Raubbau an sich selbst zu betreiben? .... ○ ja ○ nein

- Sehen Sie beruflich keine Entwicklungsmöglichkeiten mehr für sich? .... ○ ja ○ nein

- Denken Sie immer öfter: »Ich verkümmere hier« oder »Was mache ich hier eigentlich«? .... ○ ja ○ nein

- Hat sich die Einstellung zu Ihrer Arbeitsleistung negativ verändert? .... ○ ja ○ nein

- Gibt es andere Auffälligkeiten? .... ○ ja ○ nein

Ihre Beziehung und / oder Familie

- Sind Sie ungern zuhause, weil Sie gereizte Stimmung befürchten? .... ○ ja ○ nein

- Ärgert es Sie immer wieder, dass Ihr Partner Ihnen nicht richtig zuhört oder vorrangig mit sich selbst beschäftigt ist? .... ○ ja ○ nein

- Haben Sie zum Beispiel wegen der Kinder zurückgesteckt und sind Sie zunehmend damit unzufrieden, weil Sie gerne wieder Ihren Beruf zurück möchten? .... ○ ja ○ nein

- Wünschen Sie sich oft, dass Ihr Partner / Ihre Familie Ihren Einsatz stärker würdigt und anerkennt? .... ○ ja ○ nein

- Laufen Sie bei Ihrem Partner mit Ihren persönlichen Bedürfnissen (zum Beispiel Heirat, Kinder, mehr Freiraum) häufig gegen eine Wand? .... ○ ja ○ nein

- Leiden Sie darunter, von Ihrem Partner zu wenig Zärtlichkeit zu erfahren? .... ○ ja ○ nein

- Sind Ihrem Partner und Ihnen in der Beziehung die Gesprächsthemen ausgegangen? .... ○ ja ○ nein

- Gibt es bei Ihnen schwelende Konflikte, über die niemand sprechen möchte, die aber dennoch das tägliche Miteinander bestimmen? .... ○ ja ○ nein

- Ist die Beziehung zurzeit weniger harmonisch, weil Sie sich mit dem, was täglich zu tun ist, überfordert und wenig unterstützt fühlen? .... ○ ja ○ nein

- Entsteht zuhause immer wieder Streit über Nichtigkeiten, wenn es um Themen wie Kindererziehung oder Geld geht? .... ○ ja ○ nein

- Erfahren Sie ein Zuviel an Routine und ein Zuwenig an spannendem Miteinander? .... ○ ja ○ nein

- Denken Sie sich manchmal, dass Sie so nicht mit Ihrem Partner alt werden möchten? .... ○ ja ○ nein

- Leben Sie nur deshalb noch zusammen, weil Sie zu bequem sind, einen Partner für sich zu finden, der besser zu Ihnen passt? .... ○ ja ○ nein

- Sind Sie schon seit einiger Zeit Single und sehnen sich wieder nach einer Beziehung? .. ○ ja ○ nein

- Geraten Sie immer wieder an einen Typ Mann oder Frau, der nicht gut für Sie ist, und gehen diese Beziehungen jedes Mal auch in die Brüche? .... ○ ja ○ nein

- Haben Sie es aufgegeben, einen Partner für sich zu finden? .... ○ ja ○ nein

- Gibt es andere Auffälligkeiten? .... ○ ja ○ nein

Ihr Zuhause

- Fühlen Sie sich in Ihren eigenen vier Wänden nicht mehr wohl? .... ○ ja ○ nein

- Gehen Ihnen Ihre Nachbarn immer öfter auf die Nerven, weil sie so rücksichtslos sind? .... ○ ja ○ nein

- Haben Sie ständig Ärger mit Ihrem Vermieter? .... ○ ja ○ nein

- Haben Sie oft das Gefühl, dass Sie ein Übermaß an Energie aufbringen müssen, um Ihre Wohnung oder Ihr Haus in Schuss zu halten? .... ○ ja ○ nein

- Ärgern Sie sich über die schlechte Infrastruktur in Ihrem Umfeld? .... ○ ja ○ nein

- Leiden Sie unter ständigem Lärm und/oder schlechter Luft? .... ○ ja ○ nein

- Haben Sie das Gefühl, dass Ihr eigenes angesammeltes Gerümpel Sie einengt? .... ○ ja ○ nein

- Werden Sie durch Ihr Zuhause immer wieder schmerzlich an Zeiten erinnert, in denen Sie noch mit Ihrem Partner/Ihrer Partnerin dort zusammenlebten? .... ○ ja ○ nein

- Gibt es andere Auffälligkeiten? .... ○ ja ○ nein

Ihre Freizeit

- Fühlen Sie sich derzeit für Freizeitaktivitäten zu erschöpft, die Ihnen sonst wichtig sind? .... ○ ja ○ nein

- Haben Sie für Sport, Spaziergänge oder Hobbys in der Freizeit wenig übrig, weil Sie lieber all Ihre Kraft für den Job einsetzen? .... ○ ja ○ nein

- Haben Sie außer Beruf und Familie keine Inseln, auf denen Sie Ihre persönlichen Interessen ausleben können? .... ○ ja ○ nein

- Mangelt es Ihnen an kleinen Ritualen und Pausen, die Ihnen den Alltag versüßen können? .... ○ ja ○ nein

- Können Sie in den Stunden nach Feierabend schlecht abschalten, entspannen und genießen? .... ○ ja ○ nein

- Ist Ihnen in der Freizeit oft langweilig? ...... ○ ja ○ nein

- Wachsen Ihnen Ihre freizeitlichen und / oder ehrenamtlichen Tätigkeiten mehr und mehr über den Kopf? .... ○ ja ○ nein

- Wünschen Sie sich mehr Zeit für sich selbst und Ihre Interessen? .... ○ ja ○ nein

- Gibt es andere Auffälligkeiten? .... ○ ja ○ nein

Ihr Freundeskreis

- Ziehen Sie sich aus Ihrem Freundeskreis immer mehr zurück? .... ○ ja ○ nein

- Sehen Sie Ihre engsten Freunde nur noch in großen Zeitabständen und vermissen Sie sie deshalb zunehmend? .... ○ ja ○ nein

- Fühlen Sie sich von Ihren Freunden häufig benutzt und ausgenutzt? .... ○ ja ○ nein

- Sind Ihnen Ihre besten Freunde fremd geworden? .... ○ ja ○ nein

- Denken Sie manchmal, sich statt einem Freund lieber einen Hund anzuschaffen, weil Sie enttäuscht wurden? .... ○ ja ○ nein

- Stehen Sie innerhalb Ihres Freundeskreises ständig unter Druck, die oder der Beste zu sein (zum Beispiel bei Kleidung, Partys oder Einrichtung)? .... ○ ja ○ nein

- Tun Sie sich schwer damit, Menschen, die Ihnen sympathisch sind, näher an sich heranzulassen und zu Freunden zu machen (zum Beispiel aus Angst vor Verletzung oder dem Verlust an Respekt)? .... ○ ja ○ nein

- Wünschen Sie sich eine beste Freundin oder einen guten Freund zu haben, bemühen sich aber nicht wirklich darum? .... ○ ja ○ nein

- Gibt es andere Auffälligkeiten? .... ○ ja ○ nein

Auswertung des Selbsttests: Wo geht's mir gut, wo sollte ich etwas ändern?

Nun geht es an die Auswertung des Selbsttests. Diese erfolgt in vier Schritten: Zuerst schauen Sie auf die einzelnen Lebensbereiche, in denen am meisten Handlungsbedarf besteht, um in einem zweiten Schritt eine persönliche Bestandsaufnahme zu erstellen. Dann prüfen Sie, ob es sich in den einzelnen Bereichen um konkrete Probleme handelt oder ob die Unzufriedenheit nur eine vorübergehende Phase ist, und beurteilen abschließend, wo konkreter Handlungsbedarf besteht.

1. Wo liegen die meisten Probleme?

Betrachten Sie zuerst die einzelnen Lebensbereiche. Prüfen Sie, in welchem Bereich (zum Beispiel »Gefühle und Gedanken«, »Arbeit« oder »Beziehung«) Sie auffällig viele »Ja-Kreuzchen« gemacht haben und in welchem Bereich wenig. Fragen Sie sich dabei auch, weshalb Sie in einigen Bereichen keine oder nur zurückhaltende Angaben gemacht haben oder wieso das Ankreuzen anderer Fragen hingegen für Sie einfach war. Denn bei der Auswertung des Selbsttests geht es darum, den oder die Bereiche Ihres Lebens einzukreisen, mit denen Sie unzufrieden sind, Probleme haben und die eine »Baustelle« darstellen. Jene, in denen für Sie zurzeit alles rund läuft und in denen Sie sich gut aufgehoben fühlen, dürfen Sie hierbei außer Acht lassen.

2. Wie sehen die Probleme genau aus?

Formulieren Sie als Nächstes im nachfolgenden Kasten (oder wieder auf einem gesonderten Papier) Ihre persönliche Bestandsaufnahme. Nachstehend finden Sie einige Beispiele, wie diese Bestandsaufnahme ausfallen könnte.

Ihre persönliche Bestandsaufnahme

Beispiele für eine Bestandsaufnahme:

»Ich merke, dass ich mich in letzter Zeit ständig über Kleinigkeiten aufrege und manchmal regelrechte Wutanfälle bekomme. Das ist für meine Familie und Arbeitskollegen sicher nicht angenehm und das tut mir nachher auch oft leid. Der Grund liegt wohl darin: Unser Haus ist ziemlich alt – es frisst meine gesamte Freizeit. Ständig gibt es etwas zu reparieren und zu organisieren. Ich komme am Wochenende kaum dazu, mich zu entspannen, und ich habe überhaupt keine ruhige Minute mehr für mich selbst. Außerdem: In der Nähe gibt es keine Geschäfte, sodass wir für jeden Einkauf in die nächste Stadt fahren müssen – auch das kostet viel Zeit und Energie. Immerhin macht mein Job mir Spaß und mit meiner Familie fühle ich mich wohl.«

»Ich bin zurzeit Single und auch nicht unglücklich damit. Doch fühle ich mich im Job zunehmend fehl am Platze. Ich habe für meinen Beruf lange studiert und wollte ihn gerne machen. Doch heute sehe ich darin für mich keine Entwicklungsmöglichkeiten mehr. Jeder Tag ist gleich. Das nervt mich schon lange. Es gibt keine Abwechslung, keine Herausforderung. Ich sage mir zwar immer: Du hast eine nette Chefin, die Kollegen sind in Ordnung, und das Büro ist auch sehr schön – aber trotzdem hilft es nicht. Das Ewiggleiche lähmt und erstickt mich irgendwie. Es ist einfach nicht mein Ding. Deshalb muss ich mich am Wochenende über meine tausend Hobbys total austoben, um mal wieder Leben zu spüren. Aber montags geht die Gleichtönigkeit von vorne los.«

»Ich komme nach reiflicher Überlegung zu dem Ergebnis: Überall ist bei mir Baustelle. In keinem Bereich stimmt es für mich mehr. In meiner Beziehung kriselt es schon seit längerer Zeit. Im Job bin ich total unzufrieden, weil der Druck von oben immer größer wird und die Kollegenschaft einem Haifischbecken gleicht. Ich bin auch ständig krank und bekomme manchmal Angst, was daraus noch werden soll. Freunde habe ich auch so gut wie keine mehr. Und für eine Veränderung fehlt mir die Kraft – ich wüsste auch nicht recht, wie ich mich verändern soll. Manchmal möchte ich am liebsten nur die Decke über den Kopf ziehen und mich verkriechen, anstatt mich der Welt und meinem momentanen Leben zu stellen.«

3. Vorübergehende Phase oder »im falschen Film«?

Jetzt, wo Sie schwarz auf weiß vor sich sehen (oder es zumindest im Kopf durchgespielt haben), in welchem Lebensbereich alles im Lot ist und in welchem Handlungsbedarf besteht, sollten Sie sich die Frage stellen: »Kann ich das, was mich zurzeit unzufrieden macht oder frustriert, ganz gut annehmen, weil ich weiß, dass es nur eine vorübergehende Erscheinung ist? Oder fällt mir das eher schwer, weil so bald kein Ende in Sicht ist?«

Allgemein ist zu sagen: Nicht jeder Durchhänger ist ein Zeichen dafür, sein Leben umkrempeln zu müssen. Nicht jeder aufkommende Unmut im Beruf, nicht jeder Ehestreit, nicht jedes seelische oder körperliche Tief ist als Signal dafür zu werten, Schritte wie die Kündigung, die Scheidung oder den Antritt einer Therapie einleiten zu müssen. Hier gilt es sehr genau zu unterscheiden.

Hören Sie daher nochmals in sich hinein, während Sie vor allem die Ergebnisse Ihres Selbsttests aus dem Bereich betrachten und reflektieren, den Sie als Ihre persönliche »Problemzone« festgelegt haben. Spüren Sie dem nach, was in den letzten Tagen, Wochen und Monaten geschah. Hinterfragen Sie, ob der mögliche Stress und Ärger im Beruf, die Auseinandersetzungen in der Beziehung oder in der Familie oder die Gründe, weshalb Sie sich vielleicht seelisch nicht so stabil oder körperlich antriebslos fühlen – was es auch immer sein mag –, nicht bei eher harmlosen Verursachern zu suchen sind. Die Probleme könnten nämlich auch ganz einfach daher kommen, dass Sie etwa zu wenig Schlaf bekommen haben, weil Ihnen ein unangenehmer Termin bevorstand, dass die Kinder krank waren oder das ewige Regenwetter auf die Stimmung drückte.

Kaum jemandem gelingt das Kunststück, stets im Einklang mit allen und allem zu leben. Es ist normal, dass es manchmal in einzelnen Bereichen unseres Lebens temporär knirscht, es pendelt sich dann aber auch genauso schnell wieder ein. Anders ausgedrückt: Es geht zu, wie bei einem Ritt auf einem Pferd – ein ständiges Auf und Ab. Mal ist es ein gemütlicher und leichter Spazierritt, mal werden wir vor lauter Tempo fast abgeworfen und können uns gerade noch im Sattel halten.

Ein sorgenfreies Leben im ständigen Einklang mit dem Traumjob, dem Traumpartner, wohnend in einem Traumhaus, in einer Traumgegend und mit einem Traumgehalt – das gibt es nur im Film. Das wahre Leben stellt sich differenzierter dar. Niemand sollte daher die Illusion pflegen, dass es überhaupt einen Zustand geben kann, in dem alles ideal ist – auch wenn man sich gerade in schwierigen Lebensphasen gerne solchen Vorstellungen hingibt. Es wird wohl nie alles perfekt sein – auch dann nicht, wenn man sein Leben ganz neu ausgerichtet hat.

Das wäre, so denke ich, auf Dauer auch langweilig. Lebt nicht alles, was wir erleben, auch vom Wechsel? Brauchen wir nicht manchmal Dauerregen, um uns dann über einen sonnigen

Morgen so richtig freuen und quietschvergnügt mit unserem Lieblingslied im Radio in den Tag starten zu können? Ist es nicht manchmal so, dass wir nach einer Schlechte-Laune-Phase sofort wieder besser drauf sind, wenn wir das Gefühl haben, eine gute Leistung vollbracht oder endlich etwas erledigt zu haben, was schon ewig auf unserer Liste stand? Manchmal reicht schon ganz wenig, um uns von »schlecht drauf« wieder auf »glücklich« umzupolen.

Ich selbst habe das an mir schon oft beobachtet: Zu manchen Zeiten reicht schon ein humoriges Telefonat, ein gutes Gespräch mit dem Partner oder einem Freund, das Lächeln der Kinder, einige Zeilen in einem Buch, die uns etwas sagen, eine halbe Stunde Jogging oder Walking, die ausgelassene Freude unseres Hundes – und schon gerät das, was vorher in der Schieflage war, wieder ins Lot. Glücksgefühle lassen sich nun mal nicht konservieren. Sie sind flüchtig. Und nicht selten ist ein kleiner Durchhänger lediglich ein Regulativ, um uns im Anschluss wieder daran zu erinnern, dass das Leben kostbar und lebenswert ist.

Deshalb lassen Sie sich nicht beirren, wenn zum Beispiel die Arbeitsbedingungen vorübergehend suboptimal sind, wenn Sie zurzeit am liebsten niemand sehen und sprechen möchten, weil Sie als Frau oder als Mann »Ihre Tage« haben, wenn es in der Beziehung wenig erquicklich zugeht, wenn ein Zank mit der besten Freundin, den Kollegen oder Schwiegereltern auf die Stimmung drückt und Sie sich verletzt fühlen oder wenn Sie zeitweise keine so produktive Phase haben. Daraus dann gleich den Schluss zu ziehen, in diesem Lebensfeld gründlich aufräumen und alles hinschmeißen zu müssen, wäre sicher die falsche Schlussfolgerung.

Richtiger wäre, in diesem Fall den Versuch zu wagen, ob Sie nicht schon mit einer Änderung Ihrer Einstellung dem, was Sie beunruhigt oder bedrückt, ein freundlicheres Gesicht geben können. Denn mit einer positiven Einstellung lässt sich auch harten Arbeitsbedingungen Erfreuliches abgewinnen; man wertet nicht jeden Streit im Zwischenmenschlichen als verheerend, sondern wird großzügiger; und man geht auch mit schwierigen Lebensverhältnissen und Problemen entspannter um.

Überhaupt möchte ich an dieser Stelle einmal anmerken: Für vieles, was an einem gewöhnlichen Tag geschieht, sind wir selbst verantwortlich. Das ist auch nach dem vollzogenen Schritt in ein neues Leben nicht anders. Wenn ein Tag für uns nicht gut gelaufen ist, dann haben nicht immer die anderen Schuld: der Chef, die Kollegen, die Kunden, der Partner, die Kinder, die Eltern, die Regierung, die Politiker, die Gesetze ... Zunächst ist man selbst verantwortlich, denn man hat vieles in der Hand. Man kann sagen: »Alles nervt und macht mich fertig.« Oder man kann sagen: »Das ist mein Tag! Ich will versuchen, das Beste für mich daraus zu machen und trotz der Anforderungen und Schwierigkeiten so gut es geht mit mir selbst und den anderen umzugehen.«

Im vierten Kapitel werden Sie einige Möglichkeiten kennen lernen, wie Sie sich mental positiv für den Tag präparieren können. Insbesondere, wenn Sie mehr Mut, mehr innere Stärke und mehr Entschiedenheit dafür aufbauen möchten, sich ein besseres Leben einzurichten und Ziele zu erreichen. (Denen, die darüber hinaus vertiefen möchten, wie man den Anforderungen des Tages und dem wachsenden Druck gelassener begegnen kann, sei weiterführend mein Buch *Sei gut zu dir, wir brauchen dich. Vom besseren Umgang mit sich selbst* empfohlen.)

Doch jetzt geht es noch um die Frage: »Woran erkenne ich denn, dass es Zeit ist, etwas zu ändern?« Sie sollten dann dringend etwas verändern, wenn

- aus einer vorübergehenden Unzufriedenheit oder unguten Phase eine chronische Beeinflussung des Lebensgefühls geworden ist;
- Sie sich von dem, was Ihnen das Leben schwer macht, gefangen fühlen und auch nicht absehen können, wann sich die Situation auflöst;
- Sie spüren, dass die Unzufriedenheit, die Sie für sich eingekreist haben, längst in andere Lebensbereiche hineinwirkt und alles negativ überschattet.

Denn wer sich privat oder beruflich »im falschen Film« fühlt und sein Unwohlsein unter den Teppich kehrt, zahlt mitunter einen hohen Preis. Mancher hat auf diese Weise respektable Chancen verpasst und viel Zeit vertan – Zeit, die nicht wieder zurückgeholt werden kann. Dieser Tatsache eines Tages ins Gesicht sehen zu müssen, ist sehr schmerzhaft. Nicht selten folgen darauf Resignation und Hoffnungslosigkeit. Bewahren Sie sich davor!

4. In welchen Bereichen müssen Sie handeln?

Prüfen Sie deshalb die Liste Ihres Selbsttests noch einmal genau. Benennen Sie für sich, ob der Bereich, in dem Sie die meisten »Ja-Kreuzchen« zu verzeichnen haben, chronische Züge aufweist. Wenn Sie erkennen, dass das, was Sie als frustrierend und bedrückend erfahren, schon lange so geht – dass dadurch vielleicht auch schon andere Felder Ihres Lebens in Mitleidenschaft gezogen worden sind oder Sie akut in einer Sackgasse stecken –, dann sollten Sie sich auf die Suche begeben nach dem, was Sie wirklich leben möchten – auch wenn Sie zum jetzigen Zeitpunkt vielleicht noch keine Vorstellung davon haben, wie, wo und wann Sie das tun sollen.

»Jetzt lasse ich mich selbst Mensch sein!«

Im folgenden Fall eines Klienten warf die Bestandsaufnahme in vielerlei Hinsicht die Frage auf: »Was mache ich hier eigentlich?« Auch er hatte zuerst keine Ahnung, wo er denn viel lieber wäre. Nur eines wusste er genau: »Ich will nicht mehr so leben wie bisher!«

René aus der Schweiz ist gelernter Werkzeugmacher und arbeitet als Außendienstler. Seit Jahren denkt er immer wieder darüber nach, sich beruflich zu verändern. Er spürt, dass er in seinem Job sein wahres Potenzial unterdrückt. Doch er erträgt dieses Leben – unter anderem auch, um seinen Sohn abzusichern. Der lebt zwar seit Jahren bei seiner Exfrau, doch René sieht ihn jede Woche und geht mit ihm in die Berge, bringt ihm die Natur nahe und den Umgang mit Tieren.

Eines Tages erhält René die Nachricht, dass man seinen Sohn tot aufgefunden habe. Er war von einer Brücke gesprungen und hatte sich das Leben genommen, ohne ein Wort, einen Abschiedsbrief oder sonst eine Erklärung für das »Warum?« zu hinterlassen.

Nachdem René den ersten Schock überwunden hatte, rief er mich an und bat um einen Termin. Doch war es nicht die Trauer um seinen Sohn, die ihn dazu veranlasste. Jetzt, wo sein Sohn tot war, sah er keinen Sinn mehr darin, das Leben, das er bis dato gelebt hatte, so weiterzuführen. Er wollte sich nicht weiter zurücknehmen. Für wen oder was auch? Jetzt gab es nichts mehr, was ihn hielt. Er mochte seine seit Jahren in Schach gehaltenen Bedürfnisse und Wünsche nicht länger unterdrücken und war hoch motiviert, sein Leben so bald als möglich zu ändern.

Im Coaching stellte sich heraus, dass er sich eigentlich immer schon wie im »falschen Leben« gefühlt hat. Er sprach von einem stetigen und starken Veränderungsdrang, den er bis dahin nur insoweit auslebte, indem er neben seiner Tätigkeit im Außendienst auch Esoterik-Seminare besuchte. Hier hatte er das Gefühl, »Urlaub von sich selbst« zu machen. Doch das, was ihn innerlich wirklich befriedigen könnte, erfuhr er dort auch nicht.

Doch was genau könnte das sein? Die Suche danach brachte rasch Ergebnisse. Sein Gesicht hellte sich auf, sobald er die Worte »kreativ sein« von mir hörte. Er geriet sofort ins Schwärmen: »Ja, das klingt gut. Kreativ und selbstständig sein, das wäre ideal für mich.« Ich spürte, wie ihn allein diese Vorstellung innerlich befreite und ihm plötzlich das Bild eines Lebens eröffnete, das er liebend gerne führen würde. Auf dem Weg zu einem »richtigen Leben«, in dem er sich als Mensch neu und anders einbringen kann, war der erste wichtige Schritt nun schon getan.

Die Kindheit als Nährboden für das Leben, das wir führen

Schon als Kind hat René nach einer solchen Gegenwelt gesucht. Er wuchs ohne Mutter auf, und sein Vater konnte und wollte sich nicht um ihn kümmern. Für ihn war er lästig, das spürte er jeden Tag: Das Gefühl »unerwünscht« zu sein, hat ihn stets begleitet. Da René als Kind keine Wertschätzung erfuhr, hatte er auch kaum eine Chance, ein positives Selbstwertgefühl aufzubauen. So wuchs er mit dem Glaubenssatz auf: »Ich bin nichts wert.«

Allgemein kann man sagen: Emotional vernachlässigte Menschen stehen ständig unter Druck, überfordern sich oft selbst und können schlecht entspannen und genießen. Sie haben in ihrer Kindheit kein Urvertrauen aufbauen können, weil sie statt Zuwendung und Liebe Ausgrenzung und Gleichgültigkeit erlebten. Deshalb entwickeln sie nicht selten Verhaltensmerkmale wie

- einen übertriebenen Hang zum Perfektionismus,
- Aggression gegen sich selbst,
- ein ausgeprägtes Leistungsdenken,
- ständige Selbstdisziplinierung,
- eine Neigung zu Depressionen,
- einen notorischen Hang zur Selbstkritik,
- starke Selbstzweifel.

Das Fatale ist: Menschen, die sich selbst als »wertlos« empfinden, kämpfen ihr Leben lang um Anerkennung, Liebe, Zuwendung und Vertrauen. Sie tun alles dafür, damit Mutter, Vater oder überhaupt andere Menschen ihnen diese Anerkennung und Liebe zuteil werden lassen. Auf diesem Weg geraten sie schnell in einen Beruf, der vielleicht gar nicht ihren Wünschen und Fähigkeiten entspricht. Sie gehen Freizeitbeschäftigungen nach, denen andere auch nachgehen, die sie aber nicht wirklich interessieren. Sie setzen sich Ziele, die nicht die ihren sind. Sie heiraten möglicherweise einen Partner, der zwar »den anderen« gefällt, den sie selbst aber gar nicht richtig lieben.

All diese genannten Dinge tun sie nur, um von ihren nächsten Mitmenschen angenommen zu werden; in Renés Fall war das der Vater. Durch dieses fremdbestimmte Verhalten entsteht ein Teufelskreis, der so lange Wirkung zeigt, bis man lernt, sich selbst daraus zu befreien und sich neu zu definieren.

Schluss mit der Selbstunterdrückung

Die zweite Säule des Coachings war es demzufolge, meinem Klienten seine »elterliche Mitgift« und die daraus resultierenden Denk- und Handlungsmuster bewusst zu machen. Zudem gab ich René Mittel und Möglichkeiten an die Hand, die ihn darin unterstützen sollten, ein besseres Selbstbild aufzubauen. Denn das war dringend nötig, damit er seine neuen Wunschziele erreichen konnte, nämlich aus dem Angestelltendasein aus- und in ein Leben einzusteigen, in dem er Existenzgründer-Seminare für Handwerksbetriebe durchführt und sich mit einem zweiten Standbein als Erfinder versucht.

In der Arbeit mit René kristallisierten sich drei positive Selbstbeeinflussungs-Formeln heraus – im vierten Kapitel erfahren Sie im vierten Schritt, wie man solche Formeln für sich selbst entwickeln kann. Diese Formeln gaben René nach eigener Aussage am stärksten das Gefühl, dass für ihn eine neue Zeit anbricht, in der er endlich »sein Ding« machen darf. Ich schrieb sie ihm in großen Buchstaben auf Plakatkartons, die er sich zuhause an die Wand hängte, um sich täglich einige Minuten darin versenken und sie so in seinem Bewusstsein verankern zu können:

1. »Jetzt lasse ich mich selbst Mensch sein.«
2. »Ich lasse meine Kreativität zu.«
3. »Ich nehme mir Zeit, die Möglichkeiten für mein neues Leben auszuprobieren – No risk, no fun!«

Da René schon lange in der Überzeugung lebte »Ich muss mich schinden und immer alles geben, damit man mich annimmt«, und da dieses Denken bereits zum Selbstläufer geworden war, bestand die dritte tragende Säule darin, sowohl einen »Dialog mit dem Perfektionismus« als auch einen »Dialog mit der Angst« zu führen. Denn auf der Perfektionsseite standen ihm Gedanken im Weg wie »Du musst das auf Anhieb schaffen« oder »Du darfst keine Fehler machen«. Auf der Seite der Ängste blockierten ihn noch Zweifel wie »Bin ich für das, was ich vorhabe, überhaupt kompetent genug?« und »Werden mich die Menschen in meiner neuen Rolle überhaupt akzeptieren?«. Der Dialog mit den Perfektionsgedanken und Ängsten hatte nun zum Ziel, jede negative Selbstbotschaft oder Frage mit einer positiven Entgegnung zu widerlegen. Auf diese Weise konnten die Selbstzweifel entschärft werden, und René gewann mehr Entschlossenheit hinzu.

Um letztendlich die vierte tragende Säule des Coachings setzen zu können, erarbeitete ich für René einen Masterplan, der ihm genau aufzeigte, welche praktischen Schritte er wie, wann und wo zu gehen hat, damit er sein Leben sukzessive in die gewünschte neue Richtung lenken kann – beruflich wie privat. Das tragende Gerüst für den Neuanfang war also gebaut. Nun konnte er das Haus für seinen persönlichen Neuanfang ganz nach seinen eigenen Wünschen gestalten.

René saugte alle Ratschläge auf wie ein Mensch, der schon lange dürstend durch die Wüste geirrt ist und endlich Wasser findet. Das hat mich sehr beeindruckt und auch berührt. Umso mehr freute es mich, als ich hörte, dass er sich sofort im Anschluss an unsere Sitzungen trotz einiger Schwierigkeiten und Widerstände daran machte, den Weg seiner Veränderung anzutreten. Umfangen von einem neuen Lebensgefühl schrieb er mir wenig später die folgenden Zeilen als Feedback. Ich denke, man sieht, dass er auf dem richtigen Weg ist.

»Lieber Herr Conen,

im Moment geht noch nicht allzu viel. Es ist die Zeit der kleinen Schritte, solange ich noch einige Monate Vollzeit in der alten Firma arbeiten muss. Aber es geht vorwärts. Das merke ich. Die schlafenden Hunde sind endlich geweckt. Ich sprudele über vor Ideen. Den Briefkopf für meine neue Seminartätigkeit habe ich gestaltet, die Geschäftsdrucksachen in Auftrag gegeben und auch schon Räume gefunden, die ich ab Herbst für die Seminare nutzen kann – in einer charmanten Mühlenruine. Zudem habe ich eine Idee für ein neuartiges Wintersportgerät. Ein ähnliches Modell gibt es zurzeit zwar in den USA, aber eine Konkurrenz ist das nicht. Gerade habe ich mir Eintrittskarten zur ISPO in München (Fachmesse Wintersport) zusenden lassen. Ich bin schon sehr gespannt und freue mich darauf. Alles ist möglich!«

Warten Sie nicht, bis Sie die Krise trifft

Manchmal muss uns erst etwas Einschneidendes widerfahren – eine Krankheit, eine Scheidung, ein Scheitern oder der Tod eines geliebten Menschen –, damit wir beschließen, dass wir nicht mehr so weitermachen wollen wie bisher. Manchmal denken wir möglicherweise jahrelang über einen Kurswechsel nach und sagen uns immer wieder: »Jetzt ist kein guter Zeitpunkt für eine Veränderung, Priorität haben jetzt erst mal die Kinder; das Haus muss zuerst abbezahlt sein; das Geschäft muss erst besser laufen; erst muss ich noch ein paar Jahre in meinem Beruf arbeiten, dann…« In einigen Fällen mögen diese Gedanken zutreffen und wir müssen wirklich noch warten, bis die Situation es erlaubt. Häufig jedoch warten wir nur auf »Godot«.

Sie kennen das Theaterstück *Warten auf Godot* von Samuel Beckett? Dann wissen Sie auch, dass darin zwar eine Figur namens Godot von den beiden Protagonisten die ganze Zeit über erwartet wird, diese Figur aber niemals erscheint. Vergessen Sie daher nicht, dass ein Zuviel immer und überall gefährlich werden kann, auch beim Verschieben, Vertagen und Vorschieben von zunächst vernünftig klingenden, aber bei näherer Betrachtung nicht selten fragwürdigen Argumenten. Denn wie bereits an anderer Stelle angemerkt: Die Jahre vergehen schneller, als man denkt, und wer zu lange wartet, für den ist der Zug irgendwann abgefahren.

Deshalb möchte ich hier noch einmal insistieren: Wer klug ist, wartet nicht, bis ihn die Lebenskrise erwischt – zum Beispiel durch einen Herzinfarkt oder einen irgendwie anders gearteten

Absturz, der ihm die Augen öffnet. Ersparen Sie sich das. Krisen gehören zwar zum Leben dazu, doch nicht für jeden Menschen bergen sie die Chance zum positiven Neuanfang. Manch einem bleibt je nach Härte des Einschnittes nichts weiter übrig, als krank, gescheitert und verbittert auf die Zeiten zurückzusehen, in denen man noch gute Möglichkeiten besaß. Ich habe das leider zu oft erlebt, als dass ich es hier verschweigen oder verharmlosen dürfte.

Zwar läuft in jedem Leben auch vieles schief. Manch einer ist auch richtiggehend vom Pech verfolgt. Mir ist klar, dass niemand es ausschließlich leicht hat. Doch ich weiß auch, dass wir uns nicht fortwährend sagen dürfen: »Meine momentane Situation, der Beruf, die Beziehung, die Kinder, das Haus, mein Geschäft, mein voller Terminkalender oder Ähnliches hindern mich daran, etwas zu verändern.« Denn Entschuldigungen wie diese können sich im Nachhinein als äußerst gefährlich erweisen und sind in den meisten Fällen nichts anderes als Selbstbetrug.

Gewiss sind der Umstieg in ein anderes Leben und ein Sich-selbst-neu-Erfinden nicht immer einfach – auch das habe ich bereits erwähnt. Jede Veränderung ist ein Abenteuer. Und sie muss auch von den Menschen um uns herum mitgetragen werden. Jeder von uns muss schließlich vielen Erwartungen gerecht werden. Doch Sie können getrost all denen verbunden und verpflichtet bleiben, die es Ihnen wert sind, ohne sich selbst mit der angeblichen Ankunft von Godot zu beruhigen und sich auf diese Weise selbst anzuschwindeln. Wer weiß, vielleicht wartet Ihr Umfeld sogar darauf, dass Sie den Anfang machen.

Besser zu leben beginnt im Kopf

Erlauben Sie sich also rechtzeitig, nach den Sternen zu greifen, und nicht erst dann, wenn es dafür zu spät ist. Wenn Sie in Ihrem Leben vorankommen, sich selbst gerecht werden und mehr erreichen möchten, dann sollten Sie Ihren Blick dafür schärfen, welche Spielräume Sie dafür nutzen können. Vor allem sollten Sie wissen: Niemand anderes legt Ihnen das Leben zu Füßen, das Sie gerne führen würden. Sie allein müssen am Rädchen drehen.

Halten Sie daher nicht still, wenn Ihnen das momentane Leben zusehends Kopfschmerzen bereitet, sich nur noch als Hamsterrad darstellt oder als öde Festgefügtheit. Dieses Stillstehen birgt größere Gefahren als Veränderungen, die man durchzieht und die man später bereut und gerne rückgängig machen würde. Denn stellen Sie sich einen Muskel vor, der nicht mehr beansprucht wird: Er verkümmert. Er schrumpft, wird schwächer und schwächer, bis er seine Funktion nicht mehr ausführen kann und die Bewegung unmöglich wird. Deshalb müssen wir ihn immer wieder belasten, fordern und trainieren.

Nicht anders verhält es sich mit unserem Leben. Sie können sich unter Missachtung Ihres Potenzials für ein Leben entscheiden, in dem Sie brav das Plansoll erfüllen, sich selbst und Ihre eigenen Möglichkeiten und Fähigkeiten aber auf Sparflamme setzen. Es gibt eigentlich nur einen einzigen Grund für eine solche Haltung, den ich gelten lassen muss: Sie kennen es nicht anders und vermissen daher nichts.

Wenn der persönliche Selbsttest am Anfang des Kapitels aber deutlich gemacht hat, dass Sie doch etwas vermissen, dass Sie nicht mehr dort stehen bleiben wollen, wo Sie derzeit stehen, dass Sie sich zuweilen fragen, was Sie eigentlich hier tun, dann sollten Sie den Entschluss fassen, sich auf etwas Besseres hinzubewegen.

Beginnen Sie damit, indem Sie sich gegen die psychologischen Mechanismen zur Wehr setzen, die Sie auch dann noch auf dem alten Kurs halten wollen, wenn Sie vom Kopf her längst wissen, dass er falsch und gefährlich ist. Setzen Sie dem Gewirr aus widerstreitenden Gedanken und Gefühlen sofort ein Ende. Wie? Indem Sie einfach so tun, als hätten Sie sich bereits für etwas Neues entschieden. Sie werden sehen: Auf diese Weise verliert das Alte direkt etwas von seiner Unveränderlichkeit, man wird gelassener. Ob Sie unter Ihrem Job leiden oder privat nicht glücklich sind – Sie fühlen sich sofort weniger ausgeliefert und chancenlos. Auch wenn Sie noch nicht wissen, wie Sie an dieses »Neue« gelangen – durch die selbst initiierte Entschlossenheit, an dem derzeitigen Leben nicht länger festzuhalten, entsteht schon der Eindruck, dass es bald aufwärtsgeht. Und das allein setzt Kräfte frei.

Denn Veränderung beginnt im Kopf. Hier gilt es, frühzeitig die Weichen zu stellen. Wir müssen unserem Geist erlauben, Sicherheit, Gewohnheit und Vertrautheit auch aufgeben zu können. Das heißt nicht, dass uns dann sogleich ein erfüllender Beruf, eine neue Liebe, ein schöneres Zuhause, ein besseres Gehalt oder mehr Zeit für uns selbst direkt in den Schoß fällt. Die Energie, die durch diese mentale Weichenstellung frei wird, wirkt eher subtil: Erste Vorstellungen können aufblitzen, die für eine Neuausrichtung des weiteren Lebensweges verwendbar sind; erste Lösungen können sich andeuten, die zuvor noch absurd erschienen; oder erste Gelegenheiten können Ihnen begegnen, in welcher Gestalt auch immer.

Deshalb ist dies auch die zweite wichtige Entscheidung, die Sie treffen sollten, und gleichsam die beste Strategie, um innerlich Platz zu schaffen für einen neuen Entwicklungsschritt beziehungsweise beruflichen oder privaten Lebensabschnitt – *die Entscheidung: »Hier bleibe ich nicht.«*

3. Lassen Sie sich inspirieren

Wissen Sie, wie Charlie Chaplin zu seiner berühmten Figur mit Watschelgang, weiten Hosen und Spazierstöckchen fand? Er hat sie sich abgeschaut! Rummy Brinks, ein alter Mann, der auf einem Droschkenplatz für die Kutscher die Pferde hielt, war sein Vorbild. Charlie Chaplin fand seine Art zu gehen derart komisch, dass er sie nachahmte. Wann immer er sie vorführte, war ihm ein Lacher sicher. Deshalb kultivierte er diese Art, sich zu bewegen – sie wurde sein Markenzeichen und machte ihn zur Legende. Bis er irgendwann so sehr damit verwachsen war, dass sie ihn nicht mehr losließ. Charlie hatte in Rummy etwas gefunden, das ein Teil von ihm selbst wurde.

Vom Suchen und Finden neuer Impulse

Es gibt viele Geschichten, die davon erzählen, wie Menschen zu etwas fanden, das sie unbewusst schon lange gesucht haben, und wie sehr dies ihr Leben beeinflusste. Manche sind plausibel und gut nachvollziehbar, andere klingen seltsam und unwahrscheinlich, sind aber dennoch wahr.

Tatsache ist: Wer etwas verändern will, der braucht Impulse. Dabei ist es egal, ob diese von anderen Menschen ausgehen oder von neuen Erfahrungen und Wissensgebieten. Wer an einem Punkt in seinem Leben angekommen ist, an dem er sich dazu entschieden hat, nicht mehr so weitermachen zu wollen wie bisher, für den sind neue Eindrücke und Anreize wie ein Aphrodisiakum. Denn sie wecken die Lust, über das Leben im Allgemeinen und sich selbst im Speziellen neu nachzudenken und Neues auszuprobieren.

Spüren Sie ihnen also nach und spüren Sie sie auf – diese Impulse, die Ihnen Lust bereiten und die zugleich die Kraft haben können, Sie dort abzuholen, wo Sie zurzeit stehen. Und vor allem: Machen Sie sich etwas von diesen Impulsen zu eigen. Diese Freiheit dürfen, ja *müssen* Sie sich nehmen. Nur so bekommen Sie deutlich vor Augen geführt, wo genau Sie hin möchten. Kein Mensch kann daher auf diese Art von Input verzichten. Abschauen von anderen ist also erlaubt.

Neugier macht glücklich

Auch ich habe mich zu bestimmten Zeiten meines Lebens immer wieder neu gesucht und bin durch Anstöße von außen auf einen anderen Weg gekommen. Immer, wenn ich einen weiteren Entwicklungsschritt vollzogen habe, sind wichtige Erfahrungen vorausgegangen. Mal waren es schicksalhafte Ereignisse, mal war es eine neue Beziehung, mal ein Unfall oder eine Krankheit. Meistens aber waren es immer wieder Begegnungen mit Menschen, die etwas in mir geweckt haben. Das heißt: Andere haben bewusst oder unbewusst dazu beigetragen, dass ich wieder bis zu einem gewissen Grad ein neuer Mensch werden konnte.

Dieser Drang zum Suchen und Finden hat seine Wurzeln darin, dass wir nicht stehen bleiben, sondern uns weiterentwickeln möchten. Wir gelangen immer wieder an einen Punkt, an dem wir beginnen, uns nach etwas umzuschauen, das unser Leben reicher machen kann. So treffen wir auf Menschen, Erlebnisse oder außergewöhnliche Situationen und finden so zu einem neuen »Lebensstoff«, den wir beginnen nachzuempfinden, nachzuahmen und nachzuleben.

Meines Wissens tun das alle höher entwickelten Lebewesen. Egal ob bei Affen oder bei Menschen – durch das Nachempfinden, Nachahmen und Nachleben werden Lernprozesse in Gang gesetzt. Unser biologisches Erbe ist also der Grund dafür, dass wir uns nach Vorbildern umschauen, wenn wir den derzeit gültigen, aber wenig geliebten Status verlassen möchten. Begegnen wir jemandem, der sich in unseren Augen dazu eignet, dass wir Neues von ihm lernen – spezielle Fähigkeiten oder eine andere Art zu leben –, so löst dies in uns den Reiz aus, es zu übernehmen, um damit den eigenen Aktionsradius auszudehnen.

Bei Kindern lässt sich dieses Verhalten besonders gut beobachten. Alles, was sie bei den Erwachsenen sehen, wollen sie auch schaffen: auf eine Leiter steigen, sich alleine anziehen, selbstständig etwas bauen oder ein Puzzle fertigstellen, selbst mit Messer und Gabel essen und vieles mehr. Sie machen das, um dazuzugehören, vor allem aber auch, um nicht im vorherrschenden Entwicklungsstadium stehen zu bleiben, sondern – wie auch später als Teenager – um zu einer mit mehr Privilegien und Möglichkeiten ausgestatteten Stufe aufzusteigen.

Die Forschung geht heute davon aus, dass unser Gehirn ein natürliches Bedürfnis nach Veränderung des Ist-Zustandes hat. Neues zu erfahren und zu tun macht glücklich, so die These des amerikanischen Verhaltensforschers Gregory Berns. Er plädiert dafür, dass wir uns viel mehr als gemeinhin üblich auf diese »Neugier des Gehirns« einstellen sollten. Dem möchte ich unbedingt beipflichten: Vor allem in Zeiten, in denen wir unschlüssig sind und nach etwas suchen, das uns neue Lebensmöglichkeiten eröffnet, sollten wir dieser Neugier in uns genügend Futter geben. Denn ihre Befriedigung spielt eine zentrale Rolle dabei, dass wir wieder glücklich werden.

Es ist daher wichtig, dass Sie in Zeiten der Suche an die angeborene Fähigkeit zur Veränderung glauben. Andere Menschen zu beobachten und sich an den Dingen zu orientieren, die Sie an ihnen interessieren und faszinieren, kann erste Anstöße geben und Richtungen aufzeigen, wie Sie diese Fähigkeit einsetzen können. Diese Beobachtungen können Ihnen ein erstes Bild davon vermitteln, wie sich das anfühlt, was Sie suchen. Demzufolge ist dies nicht nur ein Stück gelebte genetische Prädisposition, sondern auch ein äußerst praktikabler Ansatz zur Steigerung der eigenen Motivation.

Trauen Sie sich, andere zu bewundern

Halten Sie Augen und Ohren offen für die Lebensweise und Lebensphilosophie Ihrer menschlichen Umwelt. Das, was Sie an einem Mitmenschen bewundern, kann nicht nur zur Initialzündung für Umgestaltungen im eigenen Leben werden, es kann auch dazu beitragen, persönliche Defizite zu erkennen und abzubauen. Dazu einige Beispiele: Die Begegnung mit

- einem humorvollen und fröhlichen Menschen kann helfen, sich selbst und die eigenen Schwierigkeiten nicht mehr so ernst zu nehmen, sich auch einmal fallen lassen zu können und lockerer zu werden;
- einem Menschen mit gutem Zeitmanagement kann helfen, selbst weniger chaotisch zu sein, disziplinierter zu arbeiten und systematischer vorzugehen;
- einem liebenswürdigen und aufgeschlossenen Menschen kann helfen, selbst auch wieder freundlicher und hilfsbereiter auf andere zuzugehen und offener über eigene Erfahrungen und Gefühle zu sprechen;
- einem auffallend guten Redner kann helfen, sich in Gesprächen und vor Gruppen besser zu präsentieren, die eigenen Argumente besser zu ordnen und überzeugender zu referieren;
- einem kultivierten und distinguierten Menschen kann helfen, sich selbst beim Umgang mit anderen Menschen differenzierter zu verhalten, auf ein höfliches Verhalten Wert zu legen oder sein Äußeres geschmackvoller und stilvoller zu inszenieren;
- einem Menschen, der die Größe hat, Fehler zuzugeben, kann helfen, eigene Missgeschicke nicht mehr verschämt unter den Teppich zu kehren, sondern für Patzer geradezustehen und sich so als starke Persönlichkeit zu zeigen.

Vorbilder sind überall

Auch ich bin ein passionierter Menschenbeobachter. Nicht nur wegen meines Berufes, sondern auch aus rein persönlichem Wissensdurst. Menschen interessieren mich einfach – ganz gleich, ob ich sie für etwas bewundere oder ob sie etwas verkörpern, dass mir weniger sympathisch ist. So kann es vorkommen, dass ich einer Frau oder einem Mann manchmal minutenlang begeistert zuschaue, wie sie oder er etwas macht. Und oft bleibt etwas von dieser Eigenschaft, die mich an diesem Menschen fasziniert, so sehr an mir hängen, dass ich versuche, es ihm gleichzutun. Dazu ein Beispiel:

Kürzlich war ich zum Abendessen bei einem befreundeten Paar eingeladen. Sie wohnen in einem Loft, in dem Wohnräume und Küche offen ineinander übergehen. So konnte ich genau betrachten, wie der Gastgeber nach dem Essen den Tisch ab- und die Spülmaschine einräumte. Ich schaute ihm gerne dabei zu, mit welcher Sorgfalt er die schmutzigen Teller korrekt hintereinander stellte und die Maschine ordentlich füllte. Man merkte, dass ihm diese Tätigkeit wichtig war – ja, dass sie ihm sogar richtig Freude machte.

Außerdem kam während des Abendessens seine Stieftochter vom Balletttraining nachhause. Sie hatte offenbar etwas Deprimierendes erlebt und lief daher wortlos und bedrückt in ihr Zimmer. Er stand sofort auf, folgte ihr und nahm sie in den Arm. Dann ging er in die Küche und bereitete ihr mit großer Sorgfalt einen Teller mit Spargel, Kartoffeln und Schinken. Bevor er ihr den ins Zimmer brachte, warf er mir noch einen Blick zu und sagte: »Diese schöne Portion Spargel wird sie bestimmt wieder aufbauen.«

Irgendwie ist seine Ordnungsliebe und Fürsorglichkeit auch auf mich übergegangen. Denn am Tag darauf verspürte ich selbst große Lust dazu, die Dinge des Alltags auch so sorgfältig zu erledigen, wie mein Gastgeber am Abend zuvor. Also nahm ich mir an einem freien Nachmittag ebenfalls die Zeit und die Muße, um die eigene Küche einmal gründlich aufzuräumen und für meine Lieben etwas Schönes zu kochen. Zur eigenen und zur allgemeinen Freude.

Man kann sagen: Die Sorgfalt des anderen hat auf mich abgefärbt, sie hat meine eigene Sorgfalt wieder geweckt. In der Hektik des Alltags war sie mir etwas abhanden gekommen. Nun ist sie wieder da und drängt sich mit Lust nach vorn. Und diese Lust, es dem anderen gleichzutun, ist ein Beweis und ein klares Zeichen dafür, dass das Potenzial, das ich an ihm wahrnehme, auch in mir selbst veranlagt ist. Dazu noch ein anderes Beispiel:

Eines Nachmittags ging ich aus dem Haus, um kurz einen Kaffee zu trinken. Weil ich an diesem Tag beruflich einige Probleme zu lösen hatte, telefonierte ich mehr oder minder angestrengt den ganzen Weg über bis zum Café. Ich hatte das Handy noch immer am Ohr, als ich mir den Kaffee bestellte, auch noch, als man ihn mir servierte. Ich war so sehr in Anspruch genommen, dass ich aufgeregt auf meinem Stuhl hin und her rutschte. Da sah ich plötzlich einen Mann an der Theke der Außenterrasse sitzen, der genüsslich eine Apfelschorle trank und in einem Buch las. Er hatte etwas von einem Buddha, so in sich ruhend saß er da, wie auf einem »Platz der Kraft«, und so offen und entspannt wirkte seine Körpersprache. Vor allem strahlte er etwas aus, woran es mir an diesem mit Schwierigkeiten gespickten Tag und in diesem speziellen Augenblick mangelte: Gelassenheit.

Sofort versuchte ich mir vorzustellen, wie dieser Mensch wohl seinen Tag verbracht haben könnte. Ich fragte mich, ob er auch zehn Dinge gleichzeitig managen musste. Ein Privatier schien er mir jedenfalls nicht zu sein – eher jemand, der wie ich mitten im Arbeitsleben steht, sich seine Zeit jedoch einteilen kann. Also vermutete ich, dass er wohl für heute seinen Job erledigt und in Anbetracht des schönen Wetters sein Buch genommen hatte, um dort auf der Terrasse eine ruhige Stunde in der Sonne zu verleben, um den Geist zu schärfen, zu meditieren und loszulassen.

Noch während ich diese Person beobachtete und meinen Mutmaßungen folgte, spürte ich, wie ich mich von meiner eigenen Aufgeregtheit entfernte. Ich wurde ruhiger. Und ich vergegenwärtigte mir wieder jene Buddha-Weisheit, die besagt, dass der »mittlere Weg« ein guter Weg ist, um die Dinge zu beurteilen und wieder in Balance zu geraten.

Vor allem aber nahm ich das Bild von diesem Mann mit zurück in mein Büro – und der Rest des Nachmittags verlief wesentlich entspannter. Ich rieb mich nicht länger auf an all dem, was an diesem Tag sperrig war. Ich nahm diese Dinge nicht mehr so schwer und wandte mich stattdessen anderen Aufgaben zu. Der Blick hinüber zu einem wildfremden Menschen hatte mir dazu verholfen, mich selbst wieder zu fangen und zu finden.

Im anderen das Eigene entdecken

Psychologen kennen diesen Effekt: Was wir an anderen Menschen registrieren, sagt auch immer etwas über uns selbst aus.

Denn wir spiegeln uns im Gegenüber. Verfügten wir nicht über ähnliche Ideale oder Wertvorstellungen, so würde uns der andere gar nicht auffallen. Wir können also mithilfe der Personen, die uns beeindrucken, erkennen, was wir selbst für wichtig halten – auch wenn wir es im Alltag vielleicht nicht leben.

Der andere kann jedoch nicht nur dann für uns zum Spiegel werden, wenn er uns etwas aufzeigt, was wir auch sind respektive wieder gerne wären. Diese Spiegelwirkung entsteht auch, wenn wir auf Charaktere treffen, die eine Art haben, die uns nervt und ärgert. Wer sich nämlich anschließend die Frage stellt, warum ihm das Verhalten des anderen nicht gefällt und was das mit ihm und seiner momentanen Situation zu tun hat, der kann einiges über sich selbst in Erfahrung bringen – über das, woran er zurzeit zu knabbern hat, womit er noch nicht fertig ist oder wonach er sucht.

Infolgedessen habe ich es mir zum Prinzip gemacht, von jedem Menschen etwas zu lernen und mitzunehmen, den ich treffe, egal ob Frau oder Mann, jung oder alt. Auch aus Begegnungen, die weniger erfreulich verliefen, ziehe ich Informationen über mich und mein Leben heraus.

Diese Herangehensweise empfehle ich auch Ihnen, wenn Sie nach etwas Ausschau halten, womit Sie den Faden zu einem neuen Leben aufnehmen können. Jeder Charakter verfügt über irgendeine Seite, an der man sich orientieren kann. Wer also unzufrieden ist und nach etwas sucht, das ihn seinen Glücksträumen näher bringt, der kann die Beobachtung anderer Menschen dazu nutzen, eigenes schlummerndes Potenzial zu wecken und zu entwickeln, bis es für den Umstieg in ein anderes, schöneres Leben verwendbar ist.

Die Welt als großes Buffet

Manchmal erleben wir aber auch Personen und Situationen, die sich erst im Nachhinein als ernst zu nehmender Indikator für eigenes, vorhandenes Veränderungspotenzial herausstellen. Schon flüchtige Begegnungen können hier Wirkung zeigen, wie sich in den folgenden Fällen zeigt, von denen mir ein Freund berichtete.

Eine junge Frau sieht nach einem anstrengenden Tag im Büro abends in einem Kleinkunsttheater eine noch völlig unbekannte Musikerin auf der Bühne stehen: Sie tanzt, rappt, groovt, macht Witze und verströmt ungezähmte, positive Energie. Sie ist ganz in ihrem Element. Dass in dem Theater nur drei Reihen gefüllt sind, stört sie überhaupt nicht. Sie tut das, was ihr Spaß macht, und sie tut es so, dass es das Publikum begeistert. Ein halbes Jahr später beginnt die junge Frau, selbst Gesangsunterricht zu nehmen. Nach einem weiteren halben Jahr gibt sie ihr gesichertes Büroleben auf und studiert Musik. Heute ist sie ebenfalls Musikerin und verbringt ihre Zeit am liebsten damit, von einer Bühne zur anderen zu tingeln.

Ein Mittvierziger begegnet im Urlaub einem echten Aussteiger. Dieser war früher ein vielgefragter Manager in Düsseldorf. Heute lebt er mit der Familie in Texas von Gelegenheitsjobs und baut in Eigenarbeit ein verfallenes Haus am See wieder auf, damit eines Tages ein »romantisches Gästehaus für Ruhesuchende« daraus wird, die das einfache Leben zu schätzen wissen. Die Erinnerung an diesen Ex-Manager ermutigt ihn, zwei Jahre später selbst eine Entscheidung zu treffen, die sein Umfeld zunächst nicht versteht. Nach einer Erkrankung steigt er aus seinem stressigen Job aus, um eine Kochschule zu gründen. Er ist glücklich damit – und wieder vollkommen genesen.

Eine Karrierefrau mit einer 60-Stunden-Woche trifft bei einem Klassentreffen ihre ehemals beste Freundin wieder, die die ganze Zeit nur von ihrem Pferd schwärmt. Zuerst geht sie ihr ein bisschen auf die Nerven mit ihrem ständigen Gerede von ihrem »Felix«: wie gescheit und lieb er ist, wie gut er riecht, was für eine weiche Schnauze er hat, dass er sie zu trösten vermag, wenn sie mal schlecht drauf ist, welche aufregenden Abenteuer sie beide schon durchgestanden haben und dass sie jeden Tag in der Woche mindestens drei Stunden im Stall verbringt. Einige Monate später jedoch will auch sie gerne wieder reiten – wie schon als Kind. Sie sucht und findet eine junge Stute und räumt »Folly« einen festen Platz in ihrem stressigen Leben ein. Auf diese Weise bekommt sie trotz Arbeitspensum und Überstunden wieder einen ruhenden Pol, und sie freut sich über jeden Tag, an dem sie zum Stall fahren und ausreiten kann.

Betrachten Sie die Welt als ein reichhaltiges Buffet, an dem Sie sich nehmen dürfen, was Ihnen schmeckt. Dabei sollten Sie sich vor allem auch bei jenen kulinarischen Angeboten bedienen, die Sie noch nie probiert haben und die sich vielleicht erst im Nachhinein als Köstlichkeit herausstellen.

Schauen Sie sich also gezielt überall um. Und zwar mindestens so oft, wie Sie sich über bestimmte Themen Ihrer jetzigen Situation beschweren. Der Blick auf andere kann den eigenen Horizont öffnen, weil Sie sich und Ihr Leben aus einer neuen Perspektive betrachten können. Suchen Sie dabei nach Grenzüberschreitungen, denn Sie können sich nur weiterentwickeln und die bestehenden Konditionierungen loswerden, wenn Sie nicht immer zur ewig gleichen Geschmacksrichtung greifen. Eine einfache Übung: Gehen Sie dorthin, wo es Eigenartiges zu entdecken gibt – etwas so anderes, dass man provoziert wird, über Zusammenhänge nachzudenken, die man sonst eher ignoriert oder verdrängt.

Sie sollten sich auch um einen aktiven Erfahrungsaustausch kümmern. Teilen Sie sich mit und sammeln Sie so viele Informationen wie möglich. Seminare und Vorträge, Business-Treffs und Beratungsstellen, Internet-Chatrooms oder Autorenlesungen bieten dazu ausreichend Gelegenheit. Aber auch das Gespräch mit Freunden, Verwandten oder Kollegen kann Sie schon dahingehend inspirieren, sich selbst und Ihre Chancen aus einem anderen Blickwinkel zu betrachten. Nicht selten befinden sich nämlich schon in Ihrer nächsten Umgebung Personen, die in der Lage sind, über ihre eigenen Erfahrungen mit Veränderungen zu berichten und diese an Sie weiterzugeben.

Überlegen Sie noch heute, mit wem Sie über Ihre Veränderungswünsche sprechen möchten. Schreiben Sie eine nette E-Mail oder rufen Sie spontan an. Bei dem Erfahrungsaustausch mit anderen sollten Sie jedoch die beiden folgenden Regeln beachten:

Regel Nr. 1 Horchen Sie den anderen nicht aus! Niemand hat gerne das Gefühl, ausgequetscht und damit funktionalisiert zu werden. An wichtige »feinstoffliche« Informationen gelangt man nur, wenn man zuerst eine Basis schafft, die von Sympathie und Respekt geprägt ist, und wenn man zeigt, dass man sich für den anderen als Mensch interessiert.

Regel Nr. 2 Öffnen Sie sich! Nur wenn Sie sich trauen, geradeheraus über aktuelle Probleme und Nöte, Ängste und Zweifel zu reden, ist auch der andere bereit, freimütig über die eigenen

Schwierigkeiten und Erfahrungen zu berichten – und wie er sie gemeistert hat und seinen Weg gegangen ist.

Werden Sie zum Trüffelschwein

Wenn Sie in Ihrer Umgebung mögliche Ausgangspunkte für ein besseres Leben suchen und finden wollen, ist es wichtig, dass Sie innerlich wach sind für die Anreize von außen. Lassen Sie sich dabei weder von klangvollen Namen noch von Persönlichkeiten beirren, deren Fähigkeiten oder Lebensweise Ihnen unerreichbar erscheinen. Ich habe selbst Jahre gebraucht, um zu erkennen, dass auch diejenigen Frauen und Männer, die uns im direkten Vergleich das Gefühl geben, unbedeutend und klein zu sein, nur mit Wasser kochen. Auch sie haben irgendwann durch Vorbilder und »Übernommenes« ihren Weg gefunden. Vergeuden Sie daher keine Zeit mit dezenter Zurückhaltung, sondern gehen Sie auf die Individuen zu, die Sie interessieren und inspirieren. Genau so machte es übrigens auch ein Besucher meiner Vorträge, der mich anschließend direkt ansprach.

Er hat es sich zum Prinzip gemacht, das Jahr über wie ein »Trüffelschwein« alles aufzustöbern, was an sinnreichem Gedankengut irgendwo vergraben ist. Zu Neujahr gibt er dann immer eine kleine, aber aufwändig gemachte Broschüre heraus, die gespickt ist mit Lebensweisheiten und Glücksstrategien bekannter Autoren oder Motivationstrainer. Diese versendet er dann an Leute, die er mag und mit denen er diese Ansichten teilen möchte, damit sie sie ebenfalls an Gleichgesinnte weitergeben. Es ist jedoch nicht das Steckenpferd einer Person, die sich langweilt und Abwechslung sucht. Ich erwähne diesen Mann, der von Hause aus gelernter Ökonom ist und Finanzdienstleistungen verkauft, weil er auf diese Weise seit einiger Zeit den Absprung in eine neue Existenz vorbereitet. Er will selbst an der Schnittstelle stehen, zwischen denen, die Hilfe zur Selbsthilfe suchen, und denen, die sie geben.

Es muss ja nicht gleich eine Broschüre sein, in der Sie alles drucken, was Sie als horizonterweiternd ansehen. Einfacher und trotzdem effektiv ist auch die Herangehensweise, alles wahrzunehmen und gedanklich zu katalogisieren, was Ihnen an Lebensphilosophie und Lebensform über den Weg läuft. Graben Sie aus, was Sie gebrauchen können, und finden Sie geistige und persönlichkeitsbezogene Faktoren wieder, die in Ihnen schlummern und die der Schlüssel zu Ihren Sehnsuchtsbildern und Ihrer Wunschzukunft sein können.

Werten Sie es nicht als eigene Substanzlosigkeit, sondern als ein Zeichen von Klugheit, wenn Sie von nun an verstärkt Begegnungen mit anderen dazu verwenden, um etwas in Ihnen selbst zu erwecken. Wie schon gesagt: Durch die Beobachtung anderer und die damit verbundene Suche nach unbekannten Leckerbissen für Ihr Leben spüren Sie lediglich jene wertvollen Trüffel auf, die auch bereits in Ihrer Persönlichkeit vergraben sind. Diejenigen, die Sie beobachten, sind nur Impulsgeber – sie weisen Ihnen, ob gewollt oder ungewollt, nur den Weg. Das, was Sie aus den Trüffeln machen, ist dann Ihr eigener und selbstständiger Beitrag zur Veränderung. Gehen müssen Sie den Weg schließlich selbst.

Zeit des Erwachens

Wichtig ist, dass Sie diese Phase, in der Sie vielleicht noch unschlüssig und unsicher sind, weil Sie nicht genau wissen, wie, wo und wann die Dinge anzufassen sind, als eine Zeit verstehen, in der Sie Ihre Lebensgeister wachrütteln sollten. Das heißt: Schärfen Sie Ihre Sinne. Überwinden Sie Ihre Befangenheiten und Vorurteile. Packen Sie sich so viele Impulse in die Taschen, wie Sie nur kriegen können, und horten Sie sie für die Zeit, in der Sie davon zehren müssen – als müssten Sie Lebensmittel für den Ausnahmezustand bunkern, in dem alle Geschäfte geschlossen sind.

Was Sie sich ebenfalls zu Herzen nehmen sollten: Meiden Sie in dieser Zeit Miesmacher und Kleinkarierte, die Sie runterziehen. Suchen Sie so oft es geht Gute-Laune-Menschen auf, die nicht alles mit einer Attitüde nach dem Motto »was bringt das« oder »was soll das« wegwischen, sondern die auch noch ihr Herzblut für Ziele hergeben würden, die ihnen etwas bedeuten. Tun Sie alles, um eine immer bessere Vorstellung davon zu bekommen, was Sie durch eine Veränderung zum Positiven alles gewinnen können. Und erleben Sie gleichzeitig, wie Ihre Gedanken in die neu gewonnene Freiheit ziehen und Sie sich innerlich bereits von dem entfernen, was Sie hinter sich lassen wollen.

Sie werden sehen: Nun liegt die dritte Entscheidung so nahe wie noch nie zuvor – *die Entscheidung: »Jetzt gehe ich es an!«*

4. Die sieben Schritte in ein neues Leben

Nun haben Sie gewählt: Sie wollen handeln. Damit haben Sie die entscheidende Station erreicht. Manche Menschen brauchen Jahre, um dorthin zu gelangen. Andere wiederum stehen – wie das Leben so spielt – ganz plötzlich und unverhofft davor. Wieder andere haben sich herangetastet, wie vermutlich auch Sie.

Doch wie dem auch sei, ob es Jahre gedauert hat, über Nacht geschah oder Sie als Folge einer steten Auseinandersetzung entschieden haben, dass Sie Ihre eingesperrten Wünsche nun de facto in die Freiheit entlassen möchten – ich möchte Sie nach den bisherigen, vorbereitenden Schritten in Ihrem Entschluss nur bestärken. Deshalb geht es in diesem Kapitel nun darum, wie Sie die Veränderungswünsche in die Tat umsetzen können. Sie werden sehen: Was bisher in Ihrem Leben geschah, war nur das Vorwort zu dem, was nun alles für Sie noch kommen kann.

Veränderung ist wie eine Reise

Wer den Entschluss gefasst hat, sich selbst beziehungsweise sein Leben beruflich oder privat zu ändern, bringt einen empfindlichen Prozess in Gang. Schlechthin spricht man bei einem solchen Prozess davon, dass er auch schmerzlich sein kann. Doch möchte ich ihn eher als eine Reise bezeichnen, da ich die Auffassung nicht ganz teile, dass Lebensveränderungen immer mühselig und kummervoll sein müssen – vor allem dann nicht, wenn man einfach seinem Gefühl folgt. Das »Wie« ist wichtig!

Keine Frage: Es gibt natürlich einige Arten, sich neue Perspektiven zu schaffen, die mit Wehmut verbunden und emotional belastend sind. Es gibt beispielsweise abrupte Brüche, bei denen man radikal mit der Vergangenheit abschließt, weil man eingesehen hat, dass sonst nicht mehr viel von einem übrig bleibt. Wer so einen Bruch vollzieht, für den mag es sich mitunter anfühlen wie eine Operation am offenen Herzen bei vollem Bewusstsein.

Es gibt auch das langsame Abschiednehmen. Längst ist klar, dass man mit etwas Schluss machen will und hungrig auf Neues ist, doch man quält sich unaufhörlich selbst damit, dass man alles erst sorgfältig abwägen muss.

Und es gibt Veränderungen, die darauf abzielen, dass alles so bleiben kann wie bisher. Das kann zum Beispiel der Fall sein, wenn man erkennt, dass man sein Leben nur weiterführen kann, seinem Partner oder der Familie nur erhalten bleiben kann, wenn man sich nicht länger kaputt arbeitet, den (nächsten) Herzinfarkt oder Beziehungscrash zu verhindern weiß und lernt, so viel Negatives wie möglich aus seinem Leben zu verbannen. Auch diese Veränderungen können manchmal ziemlich zermürbend sein. Vor allem dann, wenn man von den Menschen keine Unterstützung erfährt, die uns zwar nahestehen, die uns aber dennoch kleinere bis mittlere Verletzungen zufügen, weil man sich in ihren Augen plötzlich fremd verhält und sie das ängstigt.

Für alle diese Prozesse gilt es, eine Strecke zurückzulegen. Und vielleicht wird »dieser Weg kein leichter sein« – wie Xavier Naidoo in seiner Hymne anlässlich des Fußballsommermärchens 2006 sang –, und wir brauchen einen langen Atem. Gegebenenfalls müssen wir erst einmal Verwirrung schaffen, um wieder in Ordnung zu kommen.

Manchmal ist dieser Weg aber auch viel weniger steinig, als man befürchtet, und während man noch fiebrig darüber sinniert, was alles passieren kann, ist man bereits am Ziel angelangt. Diese Reise kann also Strapazen für Sie bereithalten – muss sie aber nicht. Nur eines ist sicher: Den lockerfröhlichen Durchmarsch in einem Rutsch – das direkte »Beamen« vom ungeliebten Punkt A zum gewünschten Punkt B – schafft keiner.

Daher bedarf diese Reise auch der richtigen Vorbereitung. Sie werden daher von mir mit einem gut bestückten Koffer aus sehr unterschiedlichem mentalen Rüstzeug und praktischem Vorgehen auf alle Eventualitäten vorbereitet. Und außerdem stehe ich Ihnen im Folgenden als Reiseführer zur Seite, der Sie nicht nur sicher ans Ziel geleiten, sondern Sie auch dabei unterstützen möchte durchzuhalten, wenn es unterwegs mal anstrengend wird. In dieser Funktion möchte ich Sie jetzt schon dazu animieren, auf Ihrem Weg das nachfolgend in diesem Buch zu jedem Schritt angebotene »Veränderungstagebuch« zu führen oder aber sich selbst ein Büchlein zuzulegen, in dem Sie alles notieren, was Sie unterwegs an Eindrücken und Einsichten gewinnen. Das bringt Klarheit.

In einzelnen Schritten leichter ans Ziel

Statt also die Begleiterscheinungen einer Veränderung zu fürchten, sollten Sie sich bei dieser Reise lieber auf ein spannendes Abenteuer einstellen. Das Gute ist: Bei diesem Abenteuer winkt nicht nur das Ziel Ihrer Wünsche und Träume – Sie machen auch interessante Erfahrungen mit sich selbst.

Eine dieser Erfahrungen ist, dass der sogenannte »Erstimpuls« nicht so leicht abzuschütteln ist. Das bedeutet: Wer beschlossen hat, an irgendeinem Punkt seines Lebens eine Veränderung durchzuziehen – und sei es nur, dass er sich das Rauchen abgewöhnen will –, der wird unterwegs immer wieder von Denk- und Handlungsmustern eingeholt, die das Althergebrachte und Gewohnte repräsentieren und die ihn wieder dorthin zurückleiten möchten. Das kann den Genuss des Abenteuers trüben und den Erfolg verhindern.

Daher gilt es, sich von Beginn an der richtigen Herangehensweise zu bedienen. Amerikanische Psychologen haben in Studien herausgefunden: Wer Lebensveränderungen anhand eines »Schritte-Programms« angeht, das aus mehreren kleinen *steps* besteht, der hat es leichter, sich gegen die alten Muster und das »Wieder-schwach-Werden« durchzusetzen, dem gelingt die Erneuerung rascher und nachhaltiger. Wer dagegen einfach ohne die Aufteilung in einzelne Etappen loszieht, der kommt nicht weit und scheitert oft schon an minimalen Widerständen.

Da ich in meiner Coachingarbeit für Veränderungsprozesse seit Jahren ebenfalls einen speziellen Sieben-Schritte-Plan mit Erfolg nutze, kann ich Ihnen diesen aus guter Erfahrung nur empfehlen. Die folgenden sieben Schritte helfen Ihnen dabei, negative Konditionierungen in positive umzuwandeln und das Abenteuer Stufe für Stufe erfolgreich zu bewältigen. Die Reise kann beginnen!

1. Schritt: Erkennen Sie Ihr Ziel

»Wer andere erkennt, ist klug, wer sich selbst erkennt, ist weise«, hat der chinesische Philosoph Laotse einmal gesagt. Mit dieser Aussage hat er die emotionale Achillesferse der menschlichen Mentalität getroffen. Denn gegenüber anderen Menschen sind wir immer sehr leichtfertig mit guten Ratschlägen. Wir erkennen bei Freunden oder Bekannten sofort die »Misere«: wenn jemand seine Gesundheit ruiniert, seine Ehe zerstört, zu schlampig oder zu lethargisch ist und »es deshalb nie zu etwas bringt«. Aber was uns selbst angeht, was wir selbst falsch machen, das erkennen wir nicht.

Heute, über zweieinhalb Jahrtausende später, kommen Psychologen, Verhaltensforscher und Soziologen zu demselben Resultat wie Laotse: Ohne Selbsterkennung gibt es keine Weisheit. Ich möchte sogar noch weiter gehen und sagen: »Sich selbst nicht zu erkennen, ist Stillstand. Sich selbst zu erkennen, ist Weiterentwicklung und Lebensfreude.« Erst aus der Selbsterkennung heraus können wir das eigene Denken und Verhalten modifizieren und somit ein neues und besseres Leben beginnen.

Falls Sie es also nicht schon während der Lektüre und Bestandsaufnahme im zweiten und dritten Kapitel getan haben, so sollten Sie es auf jeden Fall jetzt tun: Erkennen Sie Ihren persönlichen Handlungsbedarf. Fragen Sie sich: Was will ich wirklich von meinem Leben, von meinem Beruf, meiner Familie, meinen Freunden, von mir selbst? Und definieren Sie für sich, welche von Herzen gewünschte oder dringend notwendig gewordene Veränderung Sie inzwischen für sich diagnostiziert haben. Vielleicht haben Sie erkannt, dass

- Sie Ihrem alten Rollenbild entfliehen und in Zukunft jemand sein wollen, der beruflich nicht mehr so bescheiden, sondern erfolgreich ist, eine Top-Position besetzt oder sich schlicht und ergreifend auch einmal das Recht nimmt, selbst in der ersten Reihe zu sitzen, anstatt ewig anderen den Vortritt zu lassen;
- Sie nach jahrelanger Hochaktivität und einem engmaschigen Netz aus Terminen und Stress etwas kürzertreten und der Bewusstseinstrübung »Ade« sagen wollen, bei Ihren Freunden und Angehörigen ruhig an Gesicht und Status verlieren können, wenn Sie sich auf Kosten von Einkommen und Karriere etwas mehr Zeit für sich nehmen;
- sich in diesen Tagen ein Sprungbrett darbietet, das zum Dreh- und Angelpunkt für etwas werden könnte, wozu Sie sich emotional berufen fühlen – zum Beispiel ein Neuanfang in der Beziehung, eine Heirat, Auswandern oder etwas anderes Großes, Neues –, und Sie aus Angst vor negativen Konsequenzen nicht länger davor zurückschrecken, sondern zugreifen wollen.

Wie Sie Ihre Ziele fixieren

Nennen Sie das Kind beim Namen, und nutzen Sie dazu die folgende erste Seite aus Ihrem Veränderungstagebuch. Achten

Sie auf eine genaue Beschreibung dessen, was Sie erreichen wollen. Das kann nur ein einziger Satz sein, es darf aber auch eine ganze Seite und mehr werden. Denn oft ist das erklärte Ziel sehr komplex, und der Schlüssel, um es zu erreichen, liegt darin, mehrere Dinge gleichzeitig zu meistern. Sollte der Platz dafür nicht ausreichen oder scheuen Sie neugierige Blicke, so schreiben Sie alles – wie schon weiter oben empfohlen – alternativ in ein privates Tagebuch oder in eine dafür reservierte Datei Ihres Computers.

Was bei diesem ersten Schritt zählt, ist, dass Sie Ihr Vorhaben ohne Vorbehalte schriftlich fixieren. Verzichten Sie auf Floskeln der Selbstreduzierung und des schützenden Selbstgewahrsams. Finden Sie stattdessen Worte, die eindeutig sind und selbstbewusst klingen. Nur was als unmissverständliche Zielvereinbarung formuliert ist, kann auch in den Status der Machbarkeit erhoben werden. Wer sich verändern will, braucht Kampfbereitschaft – schließen Sie Ihre Zeilen daher ruhig mit einem »Ja, ich will!«

Veränderungstagebuch: Zielvereinbarung

»Da will ich hin!« ....

....

....

....

....

....

....

....

....

Haben Sie klare und starke Worte für Ihr persönliches Vorhaben gefunden? Sind Sie bereit, Ihrem Veränderungswillen weiter zu folgen und sich auf das Positive an Ihrem Zielvorhaben zu konzentrieren, um möglichst wenig Kraft und Energie an das Überdenken von Nachteilen und Konsequenzen zu verschwenden? Optimal! Gehen wir gleich zum nächsten Schritt über.

2. Schritt: Entwerfen Sie ein Leitbild

Achtung! Hier geht es um »soft skills« der speziellen Art: Fantasie und Vorstellungskraft. Diese beiden »weichen« Fähigkeiten sind eine weitere wichtige Station auf dem Weg zu einem neuen und befriedigenderen Leben. Das Kuriose ist: Viele Menschen messen ihrer Fantasie kaum Bedeutung zu und denken, es reicht, sich auf die praktischen Dinge zu konzentrieren. Das ist jedoch ein Fehler! Wer ans Ziel gelangen will, der braucht Bilder im Kopf, die ihn leiten – Imaginationskraft ist daher unerlässlich.

Deshalb: Gönnen Sie sich ein paar Erfrischungen für den Geist, bevor Sie später zu Schritten übergehen, die von handfesten Aktionen geprägt sind. Sie werden merken, dass sich durch den visionären Blick nach vorn nicht nur ungeahnte Perspektiven eröffnen lassen – Sie setzen so auch Handlungsenergie frei wie einst Walt Disney, dessen Wahlspruch lautete: »Wenn du es dir vorstellen kannst, kannst du es auch machen.«

Mit Träumen den Zukunftshorizont erweitern

Zu den Erkenntnissen des Älterwerdens gehört auch die Tatsache, dass nicht alle Träume Wirklichkeit werden. So manches ist anders gekommen, als man es sich gewünscht hat. Trotzdem möchte ich mit dem Vorurteil »Träume sind Schäume« aufräumen. Denn Träume zu haben zeugt nicht von jugendlicher »Spinnerei«, sondern von seelischer Kraft. Ich behaupte sogar: Wer den Mut hat zu träumen und seinen Träumen Gewicht beizumessen – auch auf die Gefahr hin, dass sie zerplatzen –, der verfügt über eine Eigenschaft, die längerfristiges Glück und die Neuausrichtung des Lebensweges überhaupt erst möglich macht. Wer dagegen keine Träume mehr hat und keinen Mut, um an sie zu glauben, für den wird es schwer, sich eine neue Zukunft aufzubauen.

Einschlägige Umfragen ergeben, dass die meisten Menschen nur noch im Urlaub Träume entwickeln: Man liegt in der Sonne und entwirft in Gedanken Bilder von einem anderen Dasein. Man träumt von einem Leben, in dem man mehr Zeit hat und weniger Stress, vielleicht auch, dass man sich einen anderen Job suchen oder eine neue Existenz aufbauen will. Dann werden Vorsätze gefasst nach dem Motto »Wenn ich wieder zuhause bin, mache ich alles anders«. Doch bei den meisten ist schon am Tag nach der Heimkehr – in der Firma und im privaten Alltag – rasch alles wieder vergessen. Man wird schnell von den alten Verhaltensmustern eingeholt, und die Traumbilder, die man im Urlaub von einem besseren Leben entworfen hat, lösen sich in Luft auf wie Seifenblasen.

Mal ehrlich: Sicherlich ist es Ihnen auch schon so gegangen. Denn es ist ein schwieriger Prozess, die guten Vorsätze aus dem Urlaub ins normale Leben zu übersetzen. Gleichwohl ist anzuerkennen, dass Sie damit bewiesen haben, dass Sie überhaupt zu träumen imstande sind. Sie haben also das, was man benötigt, um Zukunftsmanagement betreiben zu können – Sie sollten es nur noch gezielter einsetzen. Reanimieren Sie deshalb Ihre Träume – auch die aus dem Urlaub –, und prüfen Sie sie: Welche Idee war gar nicht so unrealistisch? Welche muss noch reifen? Welche ist mittelfristig umsetzbar? Welche könnte ich sogar jetzt sofort in die Tat umsetzen?

Gönnen Sie sich gleichzeitig öfter mal einen Tapetenwechsel. Gehen Sie heraus aus Ihrem Alltag und begeben Sie sich an inspirative, »neue« Orte. Das kann die Wellness-Oase sein, von der Sie Gutes gehört haben; das kann ein Spaziergang um den See am alten Kloster sein, wo Sie immer schon mal hinwollten; das kann auch die genüssliche Stunde in einem Café sein, das gerade neu aufgemacht hat oder das Sie noch nie aufgesucht haben. Nutzen Sie diese kleinen Fluchten aus dem Alltag, um sich darin zu üben, alte Träume zu beleben oder neue zu entwickeln. So gesellen Sie sich zu jenen, die von sich sagen können: »I have a dream.«

Ohne Vision keine Motivation

Träume zu haben ist das eine. Eine Vision zu haben ist die Steigerung davon. Von einem Traum, den man visualisiert, geht viel mehr Zugkraft aus. Davon kann es abhängen, ob das, was wir an Lebensveränderung anstreben, auch erreicht wird. Zwar gibt es keine Garantie dafür, dass eine Vision in unserem Kopf auch zu etwas führt. Manchmal läuft man auch jahrelang damit herum und es geschieht gar nichts.

Doch welches Ziel Sie für sich auch definiert haben – mit einer Vision lassen sich Ängste, Selbstzweifel und Durststrecken leichter überwinden, ohne eine Vision hingegen fehlt Ihnen ein zentrales Element für die Motivation. Denn dieses »Stück Zukunft«, das Sie sich heute ausmalen, fühlt sich gut an, lockt und treibt Sie nach vorn. Es hilft Ihnen, Energien zu mobilisieren. Hier ein Beispiel dazu, wie Visionen manchmal entstehen und uns ans Ziel navigieren können:

Ich selbst hatte in jungen Jahren die Vision, dass ich eines Tages Bücher schreiben werde – ausgelöst durch einen Mallorca-Urlaub. In einem kleinen Hotel mit einem einzigen Telefon an der Rezeption erlebte ich, wie ein englischer Autor fast jeden Nachmittag mit seinem Verlag telefonierte. Lebhaft besprach er jedes Mal die Texte, die er tagsüber geschrieben hatte. War er damit zufrieden, wirkte er ruhig und lächelte, und die Gespräche waren kurz. War er mit dem Ergebnis unzufrieden, reagierte er aufgeregt und wütend und blockierte für Stunden das Telefon. Nach seinen Telefonaten verschwand er meist mit einem Glas Rotwein in seinem abseits gelegenen Zimmer und schrieb weiter, während am mediterranen Himmel die Sterne funkelten. Morgens erschien er dann meist mit zerzausten

Haaren als Letzter zum Frühstück, trank mit Frau und Kind Kaffee und wurde für den Rest des Tages nicht mehr gesehen.

Der schreibende Engländer ist mir nie aus dem Kopf gegangen. Er hinterließ bei mir das Bild von einem Leben, das ich eines Tages auch gerne führen wollte – nämlich zu schreiben und mein Wissen in Büchern weiterzugeben. Da ich alles hautnah miterlebt hatte, konnte ich die Vision von diesem neuen Leben je nach Stimmungslage genau rekonstruieren – mich hineinfühlen, sehen, hören, riechen oder schmecken, wie es sein wird. Das war faszinierend, weil ich auf diese Weise jedes Mal ein Kribbeln im Bauch darüber verspürte, was alles kommen kann und möglich ist. Das Verblüffende aber war: Ohne, dass ich es je sonderlich forciert habe, wurde ich durch meine Vision genau dorthin geleitet, wo ich irgendwann einmal gerne sein wollte – nämlich zu jenem Tag, an dem ich selbst meinen ersten Autorenvertrag unterzeichnete.

Heute, nach zahlreichen Büchern und Jahren der Autorentätigkeit, sind es auch noch andere Zukunftsvisionen vom Leben, die mich beschäftigen. Und jede hat ihren festen Platz in meinem Kopf.

Jeder Mensch baut in seiner Jugend Wünsche und Vorstellungen auf, wie er in seinem zukünftigen Leben leben will. Mit zunehmendem Alter jedoch und unter dem Einfluss von Elternhaus, Schule und Ausbildung, Beruf, Partnerschaft und Familie werden immer mehr Abstriche gemacht. Das ist einerseits ein natürlicher Prozess – die Wünsche und Vorstellungen werden von der Realität zurechtgestutzt. Andererseits verlieren wir uns dabei aber mitunter selbst aus den Augen. Wir schließen immer mehr Kompromisse und kompensieren das Unverwirklichte mit Behelfskonstruktionen, anstatt den Lebensentwürfen von früher noch einmal eine Chance zu geben.

Damit Sie dem entgegenwirken können und Ihre Träume nicht aus den Augen verlieren, machen Sie bitte folgende Übung:

Übung: Zweitleben

Versuchen Sie, Ihre Wünsche und Vorstellungen von früher wieder neu für sich zu entdecken, und entwickeln Sie auf diese Weise eine Leitvision für Ihre nahe Zukunft. Sie brauchen dazu nur etwas Zeit und Ruhe für sich selbst. Vielleicht haben Sie auch Lust, dies in einer Runde mit guten Freunden und Freundinnen oder Bekannten zu tun. Wenn ja, dann sollten Sie nur Menschen in diesen Kreis hineinbitten, die sich nicht betroffen oder benachteiligt fühlen, wenn Sie darüber sinnieren, welche verschiedenen Formen zu leben sie sich vorstellen könnten. Denn wenn Ihre Fantasien von der nahen Zukunft beispielsweise mit den Lebensplänen Ihres Partners kollidieren, ist ein freies Brainstorming unmöglich.

Denken Sie also allein oder in Gesellschaft über Lebensentwürfe von früher für morgen nach. Und versuchen Sie sie an der Stelle gedanklich zu verbinden, wo Sie sich sagen: »Das wollte ich immer schon mal machen.« Fragen Sie auch die anderen nach den Ideen für Ihre eigene Zukunft. Animieren Sie sie zu Aussagen wie »Das könnte ich mir gut für Dich vorstellen«, und entwickeln Sie für sie ebenfalls eine positive Vorausschau.

> Diese Spielregeln sollten Sie dabei beachten: Lassen Sie Ihrer Fantasie freien Lauf, ohne Bedenken und Vorbehalte. Fragen nach dem Motto »Wie soll das gehen?« sind nicht erlaubt. Schenken Sie dem Kritiker und Zweifler in Ihnen also kein Gehör. Stellen Sie an dieser Stelle auch keine Überlegungen nach der Realitätstauglichkeit der Gedanken an und auch keine Kosten-Nutzen-Rechnung. Geben Sie typischen »Killerargumenten« (wie im ersten Kapitel auf Seite 42 schon erörtert) keinen Raum, denn sonst besteht die Gefahr, dass Ihnen das Spiel mit Visionen keinen Spaß macht und Sie schon bei diesem zweiten Schritt stecken bleiben.

Diese Übung dient dazu, ohne die Schere im Kopf Vorstellungen ans Tageslicht zu befördern, die Ihnen als Lebensmodelle für ein »zweites Leben« dienen können.

Versuchen Sie auch einmal, wie in den folgenden drei Beispielen, Szenarien für sich zu entwickeln, die Ihnen das Gefühl geben: »In dieser Vorstellung fühle ich mich sofort wohl.« Beschreiben Sie in Bildern, was Sie für sich sehen oder fühlen. Was zählt, ist nicht das, was Sie heute leben, sondern wo Sie morgen sein wollen.

»Ich sehe mich in einem Haus mit Garten, einem Lavendelfeld bis an die Tür, meine Lieblingsmenschen um mich herum, in der Nähe eine Wiese, auf der Kühe oder Pferde stehen. Ich stehe draußen an meinem Pflanztisch, topfe Setzlinge ein, züchte meine eigenen Tomaten und Kürbisse, habe Clogs an den Füßen, die Hände in der Erde. Es ist ein schönes Gefühl abends, wenn alles gepflanzt ist, die Terrasse von Blumen umrandet, es ist ein tolles Gefühl, dass es morgen wieder so sein wird, morgen und jeden Tag mit Blick in meinem Garten, meine Welt.«

»Ich sehe mich in einer Tätigkeit als Helfer oder Helferin, will andere Menschen unterstützen, sie zusammenführen, etwas abgeben von meinem Erfolg und meinem Glück. Ich will kleine Events veranstalten für sozial Benachteiligte, Kranke oder Kinder, will sehen, wie deren Augen leuchten, will Geschenke für sie einpacken oder einfach nur da sein, zuhören, einen kleinen Dienst erweisen. Ein beglückendes Gefühl, innere Erfüllung und Freude darüber, etwas Sinnvolles zu tun.«

»Ich sehe mich in meinem eigenen Laden, in einer Selbstständigkeit mit Mitarbeitern, die ich schätze und die mich schätzen, und mit Büroräumen, in denen sich alle wohlfühlen. Ich spüre, dass man mir Vertrauen und Respekt entgegenbringt, da ich positiv und konstruktiv mit allen umgehe. Meine Arbeit macht mir großen Spaß, weil ich dort meine Fähigkeiten einbringen kann: Ich bin ein Aufgabenlöser und aktiv statt passiv. Deshalb gehe ich in meinem Unternehmen auf Kunden und Mitarbeiter zu, werfe Vorurteile und Vorbehalte über Bord und suche den Kontakt. Ich engagiere mich für mein Produkt und meine Dienstleistung, und mein Einsatz gibt mir viel zurück. Wenn ich morgens zur Firma fahre, habe ich das Gefühl, endlich angekommen zu sein. Nie wieder das Gefühl von Fremdbestimmung.«

Nutzen Sie die anschließende Seite des Veränderungstagebuchs oder notieren Sie wieder gesondert, welches Lebensmodell sich für Sie herauskristallisiert hat. Lesen Sie Ihr persönliches Leitbild – das, was Ihnen am meisten zusagt – so häufig wie möglich und betrachten Sie es sich abends vor dem Einschlafen in Gedanken, denn so kann es wirken.

Veränderungstagebuch: Leitbild

»So sehe ich mich in der Zukunft!« ....
....
....
....
....
....
....
....
....
....

Tipp: Legen Sie sich zusätzlich einen Ordner zu. Sammeln Sie alles, was Ihr persönliches Leitbild dokumentiert, und heften Sie es darin ab. Das können Zeitungsausschnitte sein, Erfahrungsberichte, informative Details, Fotos, aber auch wichtige Sätze aus Büchern, Texte oder Gesprächsprotokolle. Benutzen Sie Ihren Ordner als Sammelmappe für alles, was Ihnen im Alltag in die Finger kommt und für Sie in irgendeiner Weise repräsentiert, wie und was Sie in Zukunft gerne leben möchten. So verdichtet sich Ihr Leitbild immer mehr und zieht Sie zunehmend in die Richtung, in die Ihr Herz gerne möchte.

3. Schritt: Nutzen Sie Ihre schlummernden Potenziale

Lesen Sie manchmal Horoskope? Häufig stehen dort Sätze wie: »Stier 21.4.–20.5. Ihr Thema: Sie sind zu zurückhaltend – wachen Sie auf. Lernen Sie, Ihr verborgenes Potenzial anzuerkennen.« Oder: »Zwillinge 21.5.–21.6. Ihr Thema: Sie sind zu ›busy‹ und verzetteln sich. Lernen Sie, Ihre Potenziale konzentrierter einzusetzen.«

In einer Zeit, da man aus 24 Stunden das Maximum herausholen will, wird das Wort Potenzial häufig zitiert und klingt inzwischen etwas abgedroschen. Doch es trifft nun einmal den Kern der Sache, es geht nicht ohne Potenzial. Nur wer in Phasen der Neuorientierung auch Talente und Fähigkeiten erweckt, die sonst brachliegen, kann das erklärte Ziel erreichen.

Belassen Sie es also nicht bei den ersten beiden Schritten, bei Zielvereinbarung und Leitvision. Legen Sie noch einen Schritt zu. Lernen Sie, sich auf Potenziale hin zu untersuchen, die Sie dazu einsetzen können, um Ihr Vorhaben zu verwirklichen. Das Schöne daran ist: Hat man erst einmal eruiert, was alles in einem schlummert, so fühlt man sich plötzlich reich wie ein Kind, das unverhofft mit einer Riesenportion Lieblingseiscreme beglückt wurde. Potenzial ist eben doch ein Zauberwort.

Ihr Kapital ruht unter der Oberfläche

Paulina, 41 Jahre, irgendwo zwischen Köln und Afrika aufgewachsen und ehemalige Tänzerin, lebt mit ihrem Sohn in einer Beziehung mit dem

Deutsch-Inder Joel und sinnt auf Veränderung. Das Patchwork-Trio will sich trennen, gütlich und in gegenseitigem Einvernehmen. Joel will nach Indien, um in »Bollywood« zu arbeiten. Paulina hat sich dafür entschieden, in Deutschland zu bleiben, und freut sich auf ein eigenes Leben. Das Problem ist nur: Wovon soll sie leben? Bisher war sie durch Joel finanziell abgesichert. Zukünftig muss und will sie jedoch ihr eigenes Geld verdienen. Sie überlegt, wie sie als alleinerziehende Mutter durchkommt: »Ich kann tanzen, ich kann afrikanisch und indisch kochen, ich kann Ukulele spielen, ich kann vieles, was andere nicht können – doch reicht das auch aus, um mein neues Leben zu finanzieren?« Sie sorgt sich um die Realisierung ihrer neuen Unabhängigkeit. Ich riet Paulina, tiefer zu gehen, unter die Oberfläche zu schauen und Stärken ans Tageslicht zu befördern, die sie vielleicht seit Jahren nicht mehr angeschaut hat.

Dasselbe empfehle ich auch Ihnen. Listen Sie auf der folgenden Seite Ihres Veränderungstagebuchs Stärken auf, die Ihr Leben bis heute durchziehen. Besinnen Sie sich aber auch auf Fähigkeiten und Talente, die in der Vergangenheit Ihren Tag prägten und Ihre Eigenart ausmachten. Denn um das in die Tat umsetzen zu können, was Sie morgen sein wollen, gilt es zuerst auch zu fragen »Wer war ich vorher?« und »Was habe ich früher gemacht?«. Sollte es Ihnen ad hoc schwerfallen, das zu beantworten, so lassen Sie sich von den folgenden Beispielen anregen.

Was sind Ihre Stärken?

Beispiele: Meine praktischen Stärken

- Was ich anfange, führe ich auch zu Ende.

- Ich bin handwerklich geschickt.
- Ich frage nicht nach Zuständigkeiten, ich löse das Problem.

Beispiele: Meine sozialen Stärken

- Mir fällt es leicht, Verantwortung zu tragen.
- Ich kann andere mit meiner Begeisterung anstecken.
- Ich kann mich gut auf mein Gegenüber einstellen.

Beispiele: Meine geistigen Stärken

- Ich arbeite mich rasch in neue Wissensgebiete ein.
- Ich philosophiere gerne.
- Ich bin ein guter Beobachter – ich sehe das, was andere nicht sehen.

Beispiele: Meine kreativen Stärken

- Ich kann Geschichten schreiben.
- Ich kann gut bildlich denken und kommunizieren.
- Ich kann auch unter Druck Ideen entwickeln.

Beispiele: Meine organisatorischen Stärken

- Ich kann mich gut disziplinieren und strukturiert vorgehen.
- Ich kann mich selbst motivieren.
- Ich kann Arbeiten gut verteilen und delegieren.

Veränderungstagebuch: Potenziale (Selbstbild)

»Das sind meine Stärken« ....
....
....
....
....
....
....
....

Und? Sind Sie auf Fähigkeiten und Talente gestoßen, die Sie im Alltagstrott schon lange nicht mehr gesehen haben?

Bei Paulina ergab diese Analyse, dass sie schon immer ein Faible für stimmungsvolle Räume hatte, für Interieurs, Lichtverhältnisse und Atmosphäre. Sie ist in der Lage, beim Spazierengehen interessante Häuser, Gassen oder Hinterhöfe zu sehen und innerlich abzuspeichern. Ebenso stöbert sie gerne in Geschäften und Werkstätten, die irgendetwas Spannendes anbieten oder herstellen. Bislang hat sie dieser Begabung keine Bedeutung zugemessen. Genauso wenig wie der Tatsache, dass sie gerne ins Kino geht und so gut wie jeden Film kennt.

Doch dann zeigt sich, dass darin eine Stärke liegt, mit der sich Geld verdienen lässt. Denn dank Internet findet sie bald eine

Möglichkeit, dieses Können als »Location Scout« für Film und Werbung zu Ihrem Broterwerb zu machen. »Manchmal muss ich zwar an einem Tag die Bronx und Paris zugleich in Köln finden, doch es gefällt mir, Orte und Motive mit morbidem Charme oder poetischer Schönheit aufzutreiben, in denen nachher Krimis oder Serien spielen. Ein schöner Nebeneffekt: Ich kann mir meine Zeit flexibel einteilen und so Selbstversorgung und das Leben als alleinerziehende Mutter gut verbinden.«

Genau wie Paulina sollten Sie nun ebenfalls die Stärken aus Ihrer Liste herausfiltern, die sich für die Umsetzung Ihres Vorhabens einsetzen lassen.

»Ich sehe was, was du nicht siehst« – die Sicht der anderen

Sollte es Ihnen immer noch schwerfallen, Befähigungen und Neigungen an sich zu entdecken, aus denen sich etwas machen lässt, dann lassen Sie sich helfen und fragen Sie einmal in Ihrem Umfeld nach. Wertvolle Anregungen zur Bestimmung der eigenen Potenziale können von Freunden kommen, von Kollegen oder vom Partner. Also reden Sie mit Menschen, die Sie gut kennen – wenn es sein muss, tage- oder nächtelang. Gönnen Sie sich diese »Fremdsicht«. Möglicherweise führt sie zu Erkenntnissen, die Sie sofort nutzen können, weil sie Ansatzpunkte für die angestrebte Neuausrichtung Ihres Lebens enthält – zum Privatleben über den Karrieresektor bis hin zur Geschäftsidee.

Notieren Sie die Ergebnisse anschließend wieder im Veränderungstagebuch weiter unten auf Seite 118. Sie werden sehen: Häufig bemerken andere an uns Qualitäten, die wir selbst nie wertgeschätzt haben, die aber neue Türen öffnen können – wie auch im folgenden Fall.

Lars ist Internetspezialist in Berlin, 45 Jahre alt und verheiratet, er hat zwei Kinder. Fragte man ihn nach seiner Arbeit, antwortete er gerne: »Das ist wie Sandschippen.« Er meint damit, dass ihn sein Job vor keine Herausforderungen mehr stellt. Die Aufträge sind leicht zu bewältigen, da es sich meist um einfache Programmierungs- und Pflegearbeiten der Internetpräsenz von Firmen handelt, für die er und sein Geschäftspartner Holger arbeiten.

So war es bisher. Doch dann kommt eines Tages der Anruf, der alles ändert: Ein Großkunde kündigt die Zusammenarbeit. Lars und Holger sind raus dem Geschäft. Das ist ein K.-o.-Schlag, denn dieser Kunde machte fast 70 Prozent ihres Umsatzes aus und hat mit seinen Aufträgen die Firma seit gut 15 Jahren am Leben erhalten. Was nun?

Lars ist völlig aufgelöst. Täglich telefoniert er wie wild, um neue Kunden zu akquirieren. Doch da er und sein Partner sich seit Jahren nicht mehr um neue Kunden bemüht haben – »nicht bemühen mussten« –, bleibt dieser Aufwand ergebnislos.

Händeringend sucht er nach Lösungen, wie er die Firma und seine Familie weiter durchbringen kann. Täglich geht er mit der Hoffnung ins Büro, dass ihm und Holger etwas einfällt, doch ohne Erfolg. Im Gegenteil – die Lage verschärft sich eher noch. Immer öfter geraten die beiden aneinander. Streitgespräche entflammen da, wo man früher still und sorglos nebeneinandergearbeitet hatte. Schuldzuweisungen treten zutage, die Zeit verschlafen zu haben. Holgers Vorwürfe treffen Lars schwer. Denn immerhin hatte Lars schon lange dafür gekämpft, dass ihre Firma auch Service-Modelle für andere Firmen entwirft. Holger jedoch war stets dagegen. »Er ist einer, der jeder neuen Idee misstraut und alles ablehnt«, meint Lars verzweifelt.

Als er zu mir kommt, hat er Magenprobleme und 10 Kilogramm abgenommen. Jeden Morgen wacht er um vier Uhr auf und kann nicht mehr schlafen. Im Coaching zeigt sich rasch, dass es für ihn das Beste wäre, sich aus der geschäftlichen Partnerschaft so schnell wie möglich zu lösen. Denn das Kämpfen *gegen* und nicht *mit* seinem Partner zermürbt ihn und unterbindet das Finden einer beruflichen Lösung. Zudem zeigt sich in dem Streit, der zwischen beiden entflammt ist, dass schon lange keine Basis für eine Geschäftsbeziehung mehr vorhanden ist.

Das Fazit war also: Die beiden tun sich nicht mehr gut. Nur wenn jeder für sich eine Neuorientierung wagt, kann es für jeden Einzelnen eine tragfähige Zukunftssicherung geben.

Daher arbeitete ich mit Lars daran, nicht länger am Vorhaben festzuhalten, die Firma, so wie sie war, weiterzuführen und neue Kunden zu gewinnen. Stattdessen machte ich mit ihm eine »Wurzelbehandlung« – die Grundvoraussetzung für eine jede berufliche Veränderung. Das heißt: Ich animierte ihn, Stärken und Fähigkeiten wiederzuentdecken, die er seit Jahren nicht – vielleicht auch noch nie zuvor? – gesehen und genutzt hatte, und sich auf diese Weise seine Potenziale bewusst zu machen. Lars hat früher einmal einige Jahre Industriedesign studiert und ist im Grunde ein sehr kreativer Mensch. Nur hatte er schon lange keinen Gebrauch mehr von seiner schöpferischen Kraft gemacht. Seine Tätigkeit als Programmierer hat seine Kreativität eingefroren.

In einem Parallelgespräch mit seiner Frau erfuhr ich, dass er früher seinen Kindern oft in wenigen Minuten Spielzeuge gebastelt hatte; immer dann, wenn er von einer Geschäftsreise nachhause kam. Während er noch im Auto saß, formte er rasch aus irgendwelchen Dingen, die zufällig im Kofferraum lagen, ein Tier, ein Haus für die Puppen oder eine schrille Maske zum Aufsetzen. Diese »spontan kreierten Geschenke« aus Resten von Kartons, Alufolie oder altem Verpackungsmaterial mochten seine Kinder am allerliebsten.

Zuerst hat Lars sich dagegen gewehrt, derlei Fähigkeiten als etwas zu werten, womit er den Weg in eine neue berufliche Zukunft schaffen könnte. Doch nach einigen Gesprächen und einem konkreten Plan, der alles klar ersichtlich werden ließ – wie zum Beispiel die Trennung von Holger und die Gründung einer neuen Einzelfirma erfolgen kann –, fasste er Vertrauen in die Idee, sein Gespür für Dinge zu bemühen, die Kindern gefallen.

Es hat ein paar Monate gedauert, bis alles so weit war: ein neues Büro, neue Kunden, neue Aufträge. Doch dann war aus den früher gering geschätzten Stärken eine neue Existenz geschaffen. Inzwischen liegen viele seiner »Spielzeuge« in Form von Non-Book-Produkten für Jugendliche – kleine Pappschachteln zum Verschenken mit Kärtchen zum Thema Freundschaft, Liebe oder Ähnlichem – auf den Tischen der Buchhandlungen. Seine Designs sind gefragt, und vor allem: Die Arbeit macht wieder Spaß. »Sandschippen« war gestern.

Veränderungstagebuch: Potenziale (Fremdbild)

»Das sehen andere als meine Stärken an« . . . .

. . . .

. . . .

....
....
....
....
....
....

Stellen Sie sich Ihren Schwächen

Merken Sie etwas? Sie sind deutlich reicher mit Talenten gesegnet, als Sie vorher dachten. Es ist falsch zu glauben, dass Sie nur Dinge können, die andere auch können, und dass Sie mehr Schwächen als Stärken besitzen. Richtig ist: Sie sind nicht vollkommen. Doch wer ist das schon? Zudem können auch Schwächen Stärken sein.

Das mag Sie zunächst befremden. Doch betrachten Sie es einmal so: Wer als Schwäche etwa seine Sensibilität anführt und sagt, dass er sich immer alles sehr zu Herzen nimmt, verletzlich und feinfühlig ist, der sollte auch erkennen, dass diese Sensibilität an anderer Stelle (zum Beispiel in einem Helferberuf, beim Umgang mit Menschen, als Vertrauensperson oder Führungskraft) eine große Stärke sein kann. Denn erst durch seine vermeintliche Schwäche verfügt er über die nötigen Antennen und das Einfühlungsvermögen, um einen guten Job machen zu können.

Die alte Weisheit »Das Leben spielt mit allen, die eine vorgefasste Meinung von sich selbst haben« hat also Gültigkeit. In diesem Fall heißt das: Akzeptieren Sie Ihre Schwächen. Nehmen Sie sie an, auch wenn Sie sich vielleicht schon oft über sie geärgert haben. Mit manchen Schwächen verfährt man am besten so, dass man sie von einer anderen Warte aus betrachtet – dass man sie neu bewertet. In der folgenden Tabelle finden Sie einige Beispiele dazu, die Sie mit Ihren eigenen »gefühlten« Schwächen ergänzen und daraus neue Stärken machen können.

Wie Sie aus Schwächen Stärken machen

Vermeintliche Schwäche	Neue Stärke
»Ich bin zu groß.«	»Ich habe eine Model-Figur.«
»Ich rege mich leicht auf.«	»Ich bin leidenschaftlich.«
»Ich bin ziemlich langsam.«	»Ich arbeite sehr präzise.«
....	....
....	....
....	....
....	....

Vermeintliche Schwäche	Neue Stärke
•	• ....
•	• ....
•	• ....
•	• ....

Es sollte Ihnen also klar sein, dass nichts so schlecht ist, wie es auf den ersten Blick scheint. Sie verfügen nämlich über Schwächen, die auch Stärken sind. Und Sie haben Schwächen, die fest zu Ihnen gehören, weil sie genetisch veranlagt sind oder sich aufgrund von Prägungen und Erfahrungen entwickelten. Beide bedingen sich jedoch einander, und das eine kommt ohne das andere oft nicht aus – so wie das Sonnenlicht und der Schatten.

Andererseits ist jetzt auch ein denkbar günstiger Zeitpunkt, sich über Schwächen Gedanken zu machen, die zu Fallstricken werden könnten. Schließlich feilen Sie gerade daran, Ihrem Leben eine neue, angemessene Bedeutung zu geben und dazu auch schlummernde Potenziale einzusetzen. Ganz oben auf der Prioritätenliste muss daher auch stehen, dass Sie Schwächen, mit denen Sie dieses Projekt gefährden könnten, erkennen. Und falls sie gravierend sind, sollten Sie nicht zögern, sie mithilfe eines Therapeuten oder Coaches zu bearbeiten. Oft reicht jedoch auch schon eine selbst initiierte Bewusstmachung aus, um sie unter Kontrolle zu halten.

Deshalb ist mein Rat: Picken Sie abschließend aus Ihrer oben stehenden Stärkenliste explizit noch einmal jene Stärken heraus, die nun wachgeküsst wurden und die Sie gerne für Ihre Weichenstellung in eine neue Zukunft einsetzen möchten. Schreiben Sie sie erneut in Ihr Veränderungstagebuch, und fügen Sie gleich daneben jene persönlichen Schwächen an, die Sie im Auge behalten müssen, damit Sie sich nicht selbst ausbremsen. Auf diese Weise haben Sie beides im Blick.

Veränderungstagebuch: Meine Stärken und Schwächen

Das werde ich einsetzen:	*Darauf werde ich achten:*
• dass ich im Team arbeiten kann;	• dass ich nicht zu bescheiden bin;
• dass ich gut reden kann;	• dass ich nicht zu viel plappere;
• dass ich fleißig und ehrgeizig bin;	• dass ich mich nicht übernehme;
•	• ....
•	• ....
•	• ....

Das werde ich einsetzen:	Darauf werde ich achten:
•	• ....
•	• ....
•	• ....
•	• ....
•	• ....

4. Schritt: Bauen Sie Mut und Selbstvertrauen auf

Haben Sie schon einmal auf der Straße angehalten, um einen Schornsteinfeger zu fragen, ob Sie ihn als Glücksbringer kurz berühren dürfen? Sie tun so etwas nicht? Warum nicht? Trauen Sie sich nicht oder glauben Sie nicht an Ihr Glück? Beides sollten Sie jedoch!

Es ist ein psychologisches Gesetz: Wer sich etwas traut und ganz naiv erwartet, dass alles gutgeht, der fühlt sich nicht nur besser, ist leistungsstärker und kann Schwierigkeiten leichter meistern, er hat tatsächlich auch mehr Erfolg bei seinen Unternehmungen als jemand, der zaudert und sich zu viele Gedanken macht.

Deshalb geht es bei diesem vierten Schritt zu ihrem neuen Leben darum, das Gehirn auf positiv zu polen. Es geht um einfache Übungen zur Stärkung des Willens und zum Aufbau von Zuversicht. Hier trifft der Drang zur Zurückhaltung und Vorsicht auf die Sehnsucht, auch mal etwas zu wagen. Denn ohne den Mut, sie auch wirklich einzusetzen, nutzen uns unsere Stärken und Potenziale wenig. Ihr Mantra für die nächsten Wochen sollte also lauten: »Großes Glück und große Gefühle warten auf mich.« Damit Sie richtig loslegen können, hier die besten Mutmacher:

»Erste-Hilfe-Maßnahme«: Pro-Argumente

Gewiss machen Sie immer noch eine Phase der Ambivalenz durch. Das wäre nur allzu verständlich, denn oft muss man erst auf den gewissen Punkt hinreifen, an dem man dann die geplante Konsequenz zieht. Und das braucht Zeit – Zeit, in der man trotz der getroffenen Entscheidung und dem festen Willen, sich selbst neu zu definieren und einen anderen Weg zu gehen, innerlich hin- und hergerissen wird. Das kann qualvoll sein, man ringt mit sich und knirscht mit den Zähnen. Sie tun deswegen gut daran, wenn Sie in dieser Phase Ihre negativen Befürchtungen einmal gezielt mit Pro-Argumenten konfrontieren. Für jede negative Erwartung gibt es eine positive Alternative. Diese »Befürworter« zu finden und zu formulieren, macht Mut.

 Diese Erfahrung hat auch Finja gemacht. Sie lebt in München und ist von Beruf HNO-Ärztin. Wegen einer Babypause hat sie eine Weile nicht mehr praktiziert und ist mit dieser Situation nicht zufrieden. Sie will gerne wieder arbeiten und am liebsten auch raus aus der Stadt. Sie vermisst den Umgang mit Patienten und das Gefühl, helfen zu können. Was sie jedoch nicht will, ist zurück in einen Krankenhausjob zu gehen – »zu stressig«. Daher sucht sie nach einer Möglichkeit, wieder einzusteigen, ohne dass sie sich und ihrer Familie ständig wechselnde Tages- und Nachtschichten zumuten muss. Bei einem Einkauf auf dem Viktualienmarkt kommt sie mit einem Bauern ins Gespräch. Er erzählt von einer alteingesessenen HNO-Praxis in seiner Nähe, deren Arzt schon seit geraumer Zeit einen Nachfolger sucht.

Finja gerät ins Grübeln. In einer schon bestehenden Praxis mitarbeiten? Ja, das würde ihrer Vorstellung entsprechen. Aber eine eigene Praxis? Das hat sie nie gewollt. Die Verantwortung, die Mitarbeiter, der finanzielle Druck – all das schien ihr immer eine Nummer zu groß. Trotzdem lässt sie der Gedanke nicht los. Darum macht sie sich mit ihrem Mann auf, den Arzt auf dem Land zu besuchen – eigentlich nur, um einen Grund zu finden, die Überlegung von der eigenen Praxis verwerfen zu können. Doch der scheidende Arzt macht ihr ein sehr gutes Angebot, und Finja ist nun erst recht durcheinander.

In dieser Phase schlug ich ihr vor, eine Pro- und Kontra-Liste zu erstellen. Wenn man die diffusen Befürchtungen einmal vor sich aufgereiht sieht und sie mit Positivpunkten konfrontiert, wird ihnen sofort etwas von ihrer Macht genommen. Vor allem riet ich ihr dazu, so viele Pro-Argumente zu sammeln wie möglich. Finjas »Pro-Liste« wurde lang – hier ein kleiner Auszug:

- Ich könnte meine Arbeit mehr nach meinen Wünschen gestalten (mehr Zeit für die Patienten).

- Ich wüsste für die nächsten Jahre, wo ich hingehöre.
- Ich verdiene mehr Geld, sodass ich sparen beziehungsweise wir ein Haus kaufen können.
- Mit eigenem »Kassensitz« habe ich eine bessere Position angesichts weiterer Gesundheitsreformen.
- Es würde mir Spaß machen, die Praxisräume nach meinen Vorstellungen mit Kunst auszustatten.
- Ich könnte auch mal den Hund mitnehmen.

Die Auflistung der Positivpunkte hat Finjas Gefühlslage beruhigt. Plötzlich wusste sie, was zu tun war. Sie einigte sich mit dem HNO-Arzt auf eine Probe- und Übergangszeit und übernahm dann nach einem halben Jahr die Praxis. Heute ist sie mit dieser Entscheidung sehr zufrieden. Sie lebt mit ihrer Familie mitten in der Natur und liebt es. Alle im Ort kennen und schätzen sie. Und wenn die »Frau Doktor« mit den Bauern redet, träumt sie bereits von der nächsten Veränderung: einem kleinen Ökohof mit Tieren. »In einigen Jahren, wenn die Kinder aus dem Haus sind, nehme ich das in Angriff«, sagt sie. Die Liste der Pro-Argumente hat sie schon dafür erstellt.

»Unsere Wünsche sind Vorgefühle der Fähigkeiten, die in uns liegen, Vorboten desjenigen, was wir zu leisten imstande sein werden«, hat Goethe einmal gesagt. Ein wunderbarer Satz, wie ich finde. Vor allem, weil er die Zuversicht ausstrahlt, dass wir es schaffen, auch wenn wir innerlich noch zerrissen sind und Angst vor der eigenen Courage haben. Das ist auch der Grund dafür, den Satz diesem Buch als Einstiegszitat voranzustellen.

Deshalb: Auch wenn Sie trotz Handlungsbereitschaft manchmal zwiespältige Gedanken und Gefühle haben – Ihr Unterbewusstsein weiß längst, dass Sie am Ziel ankommen werden. Sonst hätte es Sie nicht schon mit »Vorgefühlen« versorgt. Sammeln Sie daher ebenfalls so viele Pro-Argumente, wie Ihnen einfallen, und tragen Sie sie in das nachstehende Veränderungstagebuch ein. So aktivieren Sie dieses tiefe, innere Wissen. Vor allem kommt auf diese Weise meist auch ans Licht, wie sehr die positiven Aspekte überwiegen. Und das Resultat ist, dass Sie motivierter sind, Risiken und Konsequenzen in Kauf zu nehmen.

Veränderungstagebuch: Pro-Argumente

»*Das spricht alles dafür*«

- ....
- ....
- ....
- ....
- ....
- ....
- ....
- ....
- ....
- ....

»Klassiker«: Suggestionsformeln

Die Theorie ist simpel: Alles, was wir unseren Gedanken zumuten, was wir bewusst aufnehmen oder was uns unbewusst erreicht, hat einen Effekt, der sich auswirkt. Der Input bestimmt also den Output.

Ist die »Eingabe« vorwiegend von negativen Aussagen geprägt, fällt auch der »Ertrag« dementsprechend aus: Wir fühlen uns nicht gut, sind mutlos und denken negativ. Ist das, was wir uns sagen und zuführen, hingegen erbaulich, so ist auch das positiv, was wir an Empfindung und Reflexion zurückbekommen.

Warum ist das so? Weil jeder Gedanke – der gezielt eingesetzte wie auch der zufällig entstehende – unser Unterbewusstsein beeinflusst. Wird es mit negativen Angaben gefüttert, ist es blockiert und kann seine Kraft nicht entfalten. Beeinflussen wir unser Unterbewusstsein jedoch mit positiven, konstruktiven und zielorientierten Gedanken, trifft es für uns automatisch die richtigen Entscheidungen, ohne dass wir uns anstrengen müssten.

Das Training mit positiven Suggestionen verändert das Denken, die Gefühle, das Verhalten und eben auch das, was wir erleben. Daher ist dieses Training besonders in Zeiten der Wandlung und Neuerung geeignet, um sich selbst Mut zu machen und Selbstvertrauen aufzubauen. Die Formeln, die dabei eingesetzt werden, sind kurze, einfach und eindeutig gehaltene Sätze wie etwa:

- »Ich schaffe das.«
- »Ich bin mutig und stark.«

- »Ich bin es mir wert.«
- »Ich fühle, dass sich alles zum Guten wendet.«
- »Ich lasse das Gestern los und bin ein neuer Mensch.«

Es gibt verschiedene Möglichkeiten, sich eine positive Formel zu suggerieren. Man kann sie aufschreiben und lesen, vor sich hin sprechen oder sich einfach nur gedanklich darauf konzentrieren. Der Gehalt jeder Formel wird wie alle anderen Botschaften, die man wahrnimmt, aufgenommen und verarbeitet. Damit sie ihre Wirkung im Unterbewusstsein richtig entfalten kann, sollte eine Formel folgende drei Bedingungen erfüllen:

1. Die Formel muss den Zustand, den Sie erreichen wollen, im »Ist-Zustand« beschreiben Das heißt: Die Worte sollten Ihren Veränderungswunsch so ausdrücken, als sei er bereits in Erfüllung gegangen. Sagen Sie sich also nicht etwa »Ich möchte…« oder »Ich will mal dies oder das erreichen…«, sondern vielmehr »Ich habe…« und »Ich bin bereits…«. Das Ziel, das Sie anvisieren möchten, kann auf allen möglichen Gebieten liegen – ob Sie leicht und problemlos lernen können, gesund und entspannt oder selbstbewusst und erfolgreich im Beruf sein möchten. Wichtig ist nur: Je präziser die Formulierung ist, desto eher verankert sie sich.

2. Suggerieren Sie die Formel mit Freude Sie sollten die Sache nicht mit zu viel »Biss« angehen und sollten daher berechnende Gedanken, eine zu hohe Erwartungshaltung oder das Erzwingen nach dem Motto »Das muss jetzt aber gelingen« vermeiden. So entstehen lediglich innere Blockaden – die Aufnahme wird behindert. Ebenso können Ungeduld und Zweifel an der Verwirklichung der Suggestion den Erfolg verhindern. Wenn Sie dagegen geduldig, vertrauensvoll und ohne eine zu strenge Haltung Ihnen selbst gegenüber die Formel wiederholen, haben die Worte die beste Chance, ihre Wirkung zu entfalten.

3. Nehmen Sie die Formel im entspannten Zustand auf Autogenes Training bietet als Vorbereitung zum Einsatz von Suggestionsformeln die allerbesten Voraussetzungen. Aber auch ein Moment der Ruhe, zum Beispiel morgens kurz nach dem Aufstehen, mittags bei einem kurzen Spaziergang oder abends vor dem Einschlafen, bietet gute Bedingungen, um die Inhalte »aufzusaugen«. Nach dem Suggerieren sollten Sie sich wieder ganz normal dem Hier und Jetzt widmen, die Formel loslassen und auf ihre weiterwirkenden Fähigkeiten vertrauen.

Also, füttern Sie Ihr Unterbewusstsein einmal gezielt mit positiven Suggestionsformeln. Wählen Sie einfache, kurze Sätze (wie in den obigen Beispielen), die auf bejahende Weise ausdrücken, was Sie sich von Ihrem neuen Leben wünschen, und lernen Sie, diese »mutmachenden Sprüche« zunehmend in Ihren Alltag zu integrieren. Das macht Mut.

Am besten schreiben Sie die Formeln diesmal nicht in Ihr Veränderungstagebuch, sondern direkt auf kleine Pappkarten oder Zettel. So haben Sie die Möglichkeit, sie überall im Haus oder Büro zu verteilen. Ziel ist es, dass Ihr Blick immer wieder darauf gelenkt wird. Möchten Sie nicht, dass Ihre kleinen »Motivationshilfen« von anderen gesehen und möglicherweise kommentiert werden, dann bringen Sie die Karten an Orten unter, die nur für Sie zugänglich sind: in der Schreibtisch-Schublade, in der Geldbörse oder in der Jacken-Innentasche. So stolpern Sie immer wieder darüber, der alltägliche Gedankenzirkel wird unterbrochen und die Kraft der positiven Formel kann Sie erfrischen wie ein Power-Riegel.

> *Tipp:* Nutzen Sie auch beim Autofahren Ihre Suggestionsformeln. Das ist eine gute Gelegenheit, um sich die Formeln zu verinnerlichen: Sie können sie ungehemmt laut und wiederholt vor sich hin sprechen, wenn Sie allein sind, und sich trotzdem auf den Verkehr konzentrieren.

»Stärkungsmittel«: die Baumübung

Positive Formeln lassen sich auch gut mit einer »Gedankenreise« verbinden. Man braucht dazu lediglich zwanzig Minuten Zeit sowie ein Zimmer ohne Störung, ohne Handy und ohne sonstige Ablenkung.

Gehen Sie zunächst im Raum auf und ab und richten Sie dabei alle Aufmerksamkeit auf Ihren Körper. Schalten Sie innerlich einen Gang runter und werden Sie ruhiger. Bleiben Sie nach einigen Schritten stehen und nehmen Sie einen festen Stand ein: Ihre Füße sollten dazu schulterbreit auseinanderstehen. Sie fühlen Ihre Fußflächen fest auf dem Boden. Ihre Arme hängen locker herunter. Schließen Sie nun die Augen, atmen Sie tief und gleichmäßig und versuchen Sie sich vorzustellen, dass Sie wie ein großer, starker Baum sind. Spüren Sie Ihre Füße als Wurzeln in der Erde, die Beine als Stamm und Ihren Oberkörper als Ast- und Blattwerk und Ihren Kopf als Baumkrone.

Spazieren Sie dabei gedanklich durch einen Park, in dem Ihr Lieblingsbaum steht, oder denken Sie an einen besonderen Baum aus Ihrer Kindheit oder aus dem Garten direkt vor dem Haus. Versetzen Sie sich in seine Standfestigkeit und zugleich enorme Elastizität hinein. Stellen Sie sich vor, was dieser Baum alles schon erlebt hat: das Frühjahr, den Sommer, die Stürme im Herbst, Eis und Schnee im Winter, Kinder, die diesen Baum umarmt und an ihm gespielt haben, Generationen, die kamen und gingen …

Versuchen Sie, diese Gedanken an Stärke und Beständigkeit nun auf Ihren Körper zu übertragen. Stellen Sie sich vor, mit jedem Einatmen wie dieser Baum Energie aus dem Boden zu ziehen. Nehmen Sie diese in Ihre Fußsohlen auf und leiten Sie sie über die Beine hoch, durch Ihren Bauch bis in Ihren Brustkorb und in Ihre Arme hinein. Atmen Sie dabei mehrfach tief ein und aus. Und konzentrieren Sie sich währenddessen auf aktive Formulierungen wie:

- »Hier stehe ich.«
- »Hier bin ich.«
- »Kein Wind und Wetter kann mich erschüttern.«
- »Ich bin gut.«
- »Ich bin eine starke Persönlichkeit.«

Wiederholen Sie diese Sätze immer wieder. Lösen Sie sich nach einer Weile wieder vom Baumbild und von den Formeln. Hören Sie einfach in sich hinein, auf Ihren Atem. Und öffnen Sie – noch den Nachklang der Suggestionsformeln und das Gefühl von der Kraft eines Baumes im Blut – wieder die Augen.

Führen Sie diese Übung nicht nur einmal, sondern besonders am Anfang mindestens dreimal pro Woche durch. Warum nicht auch einmal kurz vor einem Termin, zu dem Sie selbstbewusst auftreten möchten? Wählen Sie ruhig unterschiedliche Orte. Wenn Ihnen danach ist, können Sie an einem »Nix-wie-raus-Tag« auch im Park oder im Wald, mitten unter Bäumen stehend, sagen und fühlen: »Ich bin stark.«

»Energiespender«: Rollenspiele

Wussten Sie, dass wir alle in unserem Innersten Schauspieler sind? Das ist eine Einrichtung der Natur, die uns hilft, uns manchmal zu verstellen und so zu geben, wie wir eigentlich gar nicht sind. Das bedeutet für Sie konkret: Wenn Ihnen das Ziel klar ist, so brauchen Sie nur noch zu überlegen, wie sich dieser Mensch, der Sie gerne werden möchten, verhält. Was würde er in bestimmten Situationen sagen? Was für ein Auftreten hat diese Frau oder dieser Mann?

Um sich Ihrem Ziel zu nähern, vor allem aber auch, um Praxis zu gewinnen, sollten Sie jetzt einfach mal versuchen, die Rolle dieses Menschen zu spielen, der Sie gerne werden möchten.

Wenn Sie Zweifel haben, ob Sie das können, lassen Sie mich Folgendes sagen: Sie müssen dabei ja nicht gerade wie ein Filmstar agieren. Aber sicher sind Sie es bereits gewohnt, im Privaten oder Beruflichen auch hin und wieder Rollen zu übernehmen – wie zum Beispiel die eines Animateurs und Seelentrösters,

Alleskönners und Alleinunterhalters, Moderators und Problemverstehers und so weiter. Und deshalb sollte es Ihnen auch nicht allzu schwerfallen, für die gute Sache – Ihre angestrebte Lebensveränderung – ein bisschen Theater zu spielen. Denn die Erfahrungen, die Sie daraus ziehen werden, machen Ihnen weiter Mut. Diese Übung besteht aus folgenden vier Schritten.

Überlegen Sie, welche Rolle Sie zurzeit in Ihrem Leben ausüben Ist es die einer Frau, die privat und im Job stets 150 Prozent gibt? Ist es die eines Mannes, der als »Gehetzter« durch die 66-Stunden-Woche rennt und kaum Zeit für sein Privatleben hat? Ist es der Part eines Menschen, der einen hohen Anspruch an sich selbst hat und deshalb Widerstand und Herausforderung braucht? Oder ist es die Rolle eines Menschen, der täglich funktionieren muss, sich müht, es allen recht macht und zum Dank nicht mal einen warmen Händedruck bekommt?

Suchen Sie zu Ihrer jetzigen Rolle das Gegenstück Das heißt: Wenn Sie vom Naturell eher anspruchslos und unkompliziert sind – dann holen Sie nun einmal die Zicke hervor oder den schwierigen Mann. Versuchen Sie einmal, Nein zu sagen oder »Das gefällt mir nicht«, wenn Sie sonst auf Kompromissdenken gepolt sind und es vermeiden, offensiv Position zu beziehen. Zeigen Sie sich mal theoretisierend oder als Feingeist, wenn Sie im Alltag eher der praktische Typ sind. Oder mal sexy und ein wenig aufreizend, wenn Sie sonst eher brav auftreten.

Finden Sie den »Persönlichkeits-USP«, der Sie am meisten beeindruckt Der Begriff »Unique Selling Point« stammt aus der

Marketingtheorie und beschreibt die Unverwechselbarkeit einer Marke, den Punkt, der sie von allen anderen Marken unterscheidet. Fragen Sie sich also: »Welche Person hat genau die Art, die ich auch manchmal gerne hätte?« Finden Sie für sich heraus, was diese Einzigartigkeit und Besonderheit ist, mit der dieser Mensch sich von anderen absetzt. Vielleicht suchen Sie diesen Typus im Bekannten- oder Kollegenkreis. Manchmal hilft es auch schon, fernzusehen und den Lieblingsakteuren zuzuschauen, wie sie ihre persönliche Marke herausstellen und damit punkten. Das soll konkret heißen: Die Schlagfertigkeit und der Humor eines Günther Jauch, die Geradlinigkeit und Bodenhaftung einer Steffi Graf, das Verrückte und Kreative eines Karl Lagerfeld oder die Unangepasstheit und Vielseitigkeit einer Anke Engelke können Ihnen eine Vorstellung davon geben, welches Auftreten, welcher Ton und welche Gesten der Rolle entsprechen, die Sie für sich ausprobieren wollen.

Keine Sorge, es besteht keine Gefahr, dass Sie sich in etwas hineinzwängen, was den eigenen Überzeugungen widerspricht. Sie verlieren auch nicht an Natürlichkeit oder Authentizität. Denn es steckt folgender Gedanke dahinter: Wenn Sie in die Rolle jener steigen, die etwas haben, was Sie auch gerne hätten, so ist dieses Etwas auch schon ein Teil von Ihnen. Wir haben im dritten Kapitel bereits über die »Spiegelungseffekte« gesprochen. Es geht also nicht um das Vortäuschen, sondern um das Herantasten an ein Verhalten, das Sie für wichtig halten und das Sie auf spielerischem Weg am besten für sich wachrufen können. Es geht um die Lust an der Entdeckung Ihrer Möglichkeiten. Denn die gibt uns Kraft zu handeln.

Testen Sie Ihre neue Rolle Schauen Sie sich nach passenden Gelegenheiten um, um anderen mal Ihr »neues Ich« präsentieren zu können – zum Beispiel anlässlich einer Party oder Einladung zu Leuten, die Sie noch nicht kennen. Stellen Sie sich zuhause vor den Spiegel und bringen Sie sich in Stimmung, bevor Sie losziehen. Vielleicht legen Sie sich ein neues Image in Form eines neuen Erscheinungsbildes zu – etwa ein schrilles Outfit, wenn Ihr Dresscode ansonsten eher gedeckt ist, oder eine neue Frisur oder Brille. Vielleicht haben Sie auch Lust, sich zu gegebenem Anlass mal mit einem anderen Vornamen vorzustellen – zum Beispiel mit Tom statt wie sonst mit Thomas oder mit Meg statt Mechthild. Es mag Ihnen vielleicht zunächst etwas befremdlich vorkommen, doch auch bereits ein neuer Name kann sich wie ein neues Leben anfühlen.

Dann heißt es: »Ihr Auftritt bitte!« Denken Sie »brav war gestern«. »Zocken« Sie daher heute mal und schauen Sie, wie weit Sie gehen können. Sagen und tun Sie Dinge, die Sie sonst nie sagen und tun würden. Und entdecken Sie den Erfolgsfaktor darin.

Sie sollten aber auch keine Scheu haben, sich Menschen verändert zu präsentieren, die Sie in Ihrer alten Rolle kennen. Von dem Satz »Man erkennt dich ja gar nicht wieder« sollten Sie sich nicht zurückpfeifen lassen, sondern ihn vielmehr als Lob verstehen, dass Sie auch anders können.

Tragen Sie Ihre Erfahrungen anschließend ins Veränderungstagebuch ein. Werten Sie auf diese Weise für sich aus, welche Rolle und welche Art sich zu geben Ihnen am meisten Spaß gemacht und Ihnen die besten Erfahrungswerte vermittelt hat, die Sie auf Ihrem Weg, sich neu zu definieren, gut gebrauchen können.

Veränderungstagebuch: Rollenspiele

Diese Rolle habe ich probiert:

- Zum Beispiel: Die Rolle des schlagfertigen Entertainers;

- ....
- ....
- ....
- ....
- ....
- ....

Diese Erfahrung habe ich damit gemacht:

- Ich habe nette Leute kennen gelernt;

- ....
- ....
- ....
- ....
- ....
- ....

> **Tipp:** Weiten Sie das Spiel mit neuen Rollen auch auf andere Erfahrungsgebiete aus. Entdecken Sie im Selbstversuch zum Beispiel, wie es ist, einmal zum Rockkonzert in ein großes Stadion zu gehen, wenn Sie normalerweise Menschenmengen in dieser Größe meiden. Spazieren Sie einfach mal rein in die Präsentation, breiten Sie Ihre Ideen aus und behaupten Sie frech, dass es die besten sind, wenn Sie sonst eher bescheiden argumentieren. Gehen Sie mal gute Laune verbreitend und freundlich grüßend ins Büro, falls Sie sonst morgens eher eine »Lasst-mich-bloß-in-Ruhe-Haltung« vor sich hertragen. Steigen Sie ins Riesenrad oder in die Achterbahn, auch wenn Sie sich vor einer Kirmes gruseln – und so weiter.
>
> Tun Sie einfach Dinge, die Sie sonst nie tun würden. Denken Sie nicht: »So etwas könnte ich nie.« Versuchen Sie, sich selbst zu überraschen. Sie werden sehen, wie ungemein diese Übung Ihre Veränderungsfähigkeit trainiert. Sie fühlen sich lebendig und können sagen: »Mensch, ich hab's gemacht, und es war gar nicht so schwer, wie ich dachte.« Zwei schöne Nebeneffekte dabei: Ihre Psyche erfährt ein Hoch, weil die Serotonin-Produktion angeregt wird. Und Sie lernen, Ihre Schwächen besser zu managen.

5. Schritt: *Gehen Sie achtsam vor*

Es ist nur ein winziger Moment – wie bei einem Konzertpianisten, kurz bevor er zu spielen beginnt; bei einem Chirurgen, der im Begriff ist, eine Operation durchzuführen; bei einem Hundertmeterläufer, der den Kopf senkt, bevor der Startschuss fällt: Plötzlich ist für ein paar Sekunden Stille. Ein Luftholen, Herzklopfen und die Konzentration auf die Aufbietung der eigenen Fähigkeiten. Mit dem Ziel vor Augen kreisen die Gedanken darum, einen guten Lauf zu haben.

Genau da liegt manchmal das Problem. Wir wissen, was wir wollen, sind entschlossen und brennen vielleicht vor Ungeduld loszulegen. Und doch gilt es noch über einen schmalen Grat zu balancieren, der zwischen Erfolg und Misserfolg entscheidet. Über diesen kommen wir nur sicher hinüber, wenn wir achtsam sind.

Deshalb halten Sie an dieser Stelle noch einmal inne. Leisten Sie sich einen Zwischenstopp und sammeln Sie sich innerlich, bevor Sie dazu ansetzen, neues und fremdes Land zu betreten. Mögen Ihr Zeithorizont oder andere Faktoren Sie auch drängen – fragen Sie in Ruhe ab, ob Sie an alles gedacht haben. So bündeln Sie Ihre Kräfte und können bald sicher die Ziellinie durchlaufen und triumphieren.

Haben Sie Ihren Partner mit einbezogen?

Wenn Ihr Wille zur Veränderung darin besteht, sich aus einer unglücklichen Beziehung zu lösen, ist in dieser Frage natürlich wenig Handlungsbedarf. Doch wenn Sie für Ihre Pläne, etwas Neues anzupacken – was auch immer das sein mag –, die Zustimmung und Mitwirkung Ihres Partners haben müssen und möchten, dann ist es äußerst wichtig, dem Menschen, der Ihnen lieb und teuer ist, besondere Aufmerksamkeit zu schenken und ihn »richtig« mitzunehmen.

Viele Veränderungswillige handeln hier unbedacht. Ganz davon in Anspruch genommen, Stärke und Entschlossenheit für die Umsetzung der eigenen Wünsche zu entwickeln, gehen sie wie selbstverständlich davon aus, dass der andere mitzieht – und erleben dann nicht selten eine böse Überraschung, wenn dieser sich plötzlich querstellt. Der daraus resultierende Konflikt in der Partnerschaft bringt nicht wenige wieder davon ab, den Übergang in ein neues Leben zu forcieren. Sie gehen lieber den alten Trott weiter, als sich zuhause mit dem Partner auseinanderzusetzen. Vor diesem Hintergrund ist es unerlässlich, dass Sie

- sich Zeit nehmen, Ihrem Partner alles in Ruhe zu erklären;
- Verständnis für seine Bedenken aufbringen;
- einfühlsam und geduldig vorgehen.

Natürlich geht das nicht immer in Harmonie vonstatten. Allein der Satz »Du, ich glaube, wir müssen mal reden« sorgt bei manchen Paaren schon für angespannte Stimmung. Dennoch sollten Sie Ihren Wunsch mit Nachdruck kommunizieren. Denn keine Beziehung verträgt es, wenn solch wichtige Botschaften wie »Ich will etwas anderes vom Leben« zurückgehalten werden. Es entsteht so leicht der Eindruck, als habe der andere sich alle Hintertürchen offenhalten wollen.

Frauen sind meiner Erfahrung nach in diesem Punkt sehr viel kommunikationsfreudiger und ergreifen häufig die nächstbeste Gelegenheit, um ihren Partner über ihre Pläne in Kenntnis zu setzen. Daher mein Appell an dieser Stelle vorrangig an die

Männer: Reden Sie viel und oft über Ihre Pläne, besonders jetzt, wo Sie kurz davor stehen, sie auch wahrzumachen. Tun Sie es vor allem nicht zwischen Tür und Angel, sondern schaffen Sie dafür einen angenehmen Rahmen. Bei einer Tasse Tee oder einem kühlen Glas Champagner lässt sich schon viel besser darüber sprechen, wie die zukünftige Ausrichtung Ihres Lebens ausschauen soll und was Ihr Partner dabei an Änderungen mittragen muss oder möchte.

Nehmen Sie Ihrem Partner die Ängste

Versetzen Sie sich in die Ängste Ihrer Frau oder Ihres Mannes hinein. Versuchen Sie sich vorzustellen, welche Befürchtungen Ihr Partner hegen könnte, wenn sich für ihn etwas ändert. Solche Ängste können zum Beispiel sein:

- Angst davor, Sie zu verlieren;
- Angst davor, dem neuen Leben nicht gewachsen zu sein;
- Angst davor, die Sicherheit für die Familie und für die Zukunftsplanung einzubüßen.

Aufgrund solcher Ängste kann schon allein eine Äußerung wie etwa »Ich tu jetzt was für mich, ich nehme ab und gehe ins Fitness-Studio« den Beziehungspartner in eine Krise stürzen, wenn dieser selbst eher mollig und gemütlich ist und sich seit Jahren damit beruhigt hat, dass der andere es auch ist. Die Vorstellung, dass der Gefühlsumschwung des Partners zur Folge hat, dass er oder sie plötzlich attraktiver ausschaut, wohingegen man selbst gern in Schlabberhosen herumläuft und weniger sportlich ist, kann die Furcht schüren, dass er oder sie für das andere Geschlecht nun interessanter wird.

Durch die beabsichtigte Kurskorrektur kann das Kontinuum der Beziehung gestört und – aus Sicht des anderen – infrage gestellt werden. Im günstigsten Falle nimmt Ihr Partner Ihre Absichten mit Freude auf und stellt sich auch gerne mit um. Denn nicht selten wartet der andere schon auf einen Impuls, der auch für ihn eine positive Veränderung mit sich bringt. Oft muss man schon längere Zeit mit ansehen, dass der andere Fernweh nach einem anderen Leben hat, und möchte ihm dieses ermöglichen. Wenn der Partner es *nicht* gesehen hat (nicht hat sehen wollen?), wird er durch Ihre Ankündigung aufgeschreckt. Dann mag die Erstreaktion aus einem lauten Aufschrei bestehen, vielleicht fließen auch Tränen. Doch statt einer Gefahr für die Beziehung, erfährt das Zusammenleben anschließend eine Bereicherung, weil der »Aufgeschreckte« sich auf positive Weise provoziert fühlt mitzuziehen.

Wichtig bleibt: Versuchen Sie auf jeden Fall, dem anderen die Angst zu nehmen, Sie durch die Veränderung möglicherweise zu verlieren. Geben Sie ihm zu verstehen, dass es Ihnen darum geht, für sich selbst ein besseres Lebensgefühl zu gewinnen – und nicht etwa einen anderen Partner und eine neue Beziehung.

Spüren Sie allerdings, dass Sie mit Ihren Veränderungswünschen nicht gerade offene Türen einrennen, und »mauert« der andere, dann sollten Sie Diplomatie einsetzen. Das heißt, Sie vertreten dem anderen gegenüber die eigene Position, legen ihm aber zugleich ansprechende Möglichkeiten dar, wie auch er sich darin wiederfinden kann und was für ihn dabei herausspringt.

Argumentieren Sie zum Beispiel damit, dass Ihr Partner ebenfalls davon profitiert, wenn Ihre Laune im Alltag besser wird, weil Sie im Job oder anderswo einen Neustart hinlegen wollen. Machen Sie konkrete Vorschläge, wie Sie Ihren Partner davor bewahren, dass durch Ihren Schritt das Alltägliche nicht zusammenbricht oder zu einer Zusatzbelastung für ihn oder sie wird, zum Beispiel der Haushalt, die Kinderbetreuung, die gemeinsamen Aufgaben und Verabredungen. Zeigen Sie ihrem Partner, dass Sie nicht auf seine beziehungsweise ihre Kosten Ihren Spaß haben wollen. Versuchen Sie, Lösungen auszuarbeiten, mit denen Sie beide leben können – wie etwa eine Zeit lang von zuhause aus zu arbeiten und sich auch um Haushalt und Kinder zu kümmern, wenn Sie sich selbstständig machen oder einen Gang runterschalten und weniger arbeiten wollen. Machen Sie deutlich, wie durch Ihre Veränderung statt der alten Definition von Arbeit und Zusammenleben eine neue, beziehungsfördernde Work-Life-Balance erzielt wird. Seien Sie zu Kompromissen bereit, die sich auch auf Ihren Partner positiv auswirken.

Mit schlechten Kompromissen jedoch sollten Sie sich nicht begnügen. Sie können nicht nur den guten Lauf, den Sie gerade haben, ausbremsen, sondern auf Dauer auch die Liebe unterminieren. Denn so bleibt am Ende der fade Nachgeschmack in der Beziehung zurück, vom Partner gedrosselt und von der Veränderung abgehalten worden zu sein.

Deshalb gilt: Tun Sie alles, um gute Kompromisse zu finden, Ihren Partner mitzuziehen und auch bei ihm die Vorfreude auf eine bessere gemeinsame Zukunft zu wecken. So haben Sie aller Wahrscheinlichkeit nach das Glück, dass Ihr Partner Ihr Vorhaben begrüßt und auch für sich selbst als Anreiz versteht, auf irgendeiner Ebene ein Plus zu machen. Wenn beide an einem Strang ziehen, findet sich sicher ein Weg, die positive Veränderung des einen auch zur positiven Veränderung des anderen werden zu lassen. Und was gibt es überhaupt Schöneres, als mit seinem Schatz an einer gemeinsamen, besseren Zukunft zu basteln?

Wenn Ihr Partner nicht mitziehen will

Sträubt sich Ihr Partner jedoch vehement, zeigt er überhaupt keine Bereitschaft, Ihr Wollen mitzutragen, Kompromisse einzugehen und mitzugehen – und schafft auch das klärende Gespräch hier keinerlei Versöhnung –, so sollten Sie letzten Endes auch nicht vor der Überlegung zurückschrecken, wie Sie Ihren Weg allein gehen können.

Ich denke, dass niemand gerne für die Verwirklichung »egoistischer Ziele« einen Menschen zurücklässt, den er liebt. Doch wer erfahren sollte, dass der andere auf die Einhaltung der gewohnten Ordnung pocht – auch wenn diese allem Anschein nach dazu führt, dass Sie nicht mehr glücklich sind und einer besseren »Grundversorgung« bedürfen –, der muss sich auch fragen, wer von beiden egoistischer ist.

Deshalb gilt folgende Faustregel: Tun Sie alles dafür, um niemanden zurücklassen zu müssen, an den Sie sich gebunden und dem gegenüber Sie sich verantwortlich fühlen. Doch wenn alle Mühe vergeblich ist, geht es um die Frage, ob Sie auch bereit sind, für die eigene gewünschte Veränderung einen »Cut« zu machen und allein durch die Tür zu gehen. In manchen Fällen ist ein neues Leben leider nicht anders zu erreichen. Dann müssen Sie sich von Menschen verabschieden, die Ihnen nahestehen, und Sie müssen mit der Vergangenheit brechen, um sich selbst etwas Neues schaffen zu können – auch wenn es Überwindung braucht und schmerzlich ist. Wie weit Sie gehen wollen, müssen Sie selbst entscheiden. Doch entscheiden Sie sich nicht gegen sich selbst.

Haben Sie Prioritäten gesetzt?

In Gedanken sind schon alle Dinge geregelt. Wohin der Hund tagsüber kommt, wer sich um den kranken Bruder kümmert, wo man den beruflichen Abschluss nachholen kann oder die geeignete Bürogemeinschaft findet, welche formalen Schritte erledigt werden müssen, um sich selbstständig zu machen, wie man den Verkauf der Wohnung ohne Makler hinbekommt, was man alles organisieren muss, um die Geschäftsidee erfolgreich zu vermarkten, und so weiter.

Da es, wie man sieht, ziemlich viel werden kann, um das man sich kümmern muss, wenn man der Welt um sich herum und sich selbst ein neues Gesicht geben will, braucht man eine Ordnung. Nicht nur, weil man sonst Gefahr läuft, aufgeregt im Quadrat zu springen, zehn Dinge gleichzeitig machen zu wollen und am Ende von Entkräftungserscheinungen vorzeitig lahmgelegt zu werden. Sondern auch, weil der angestrebte Lebenswunsch mit all seinen kleinen und großen, angenehmen und weniger schönen Tätigkeiten einer inneren Gliederung bedarf. Wir fühlen uns einfach besser und zufriedener, wenn die praktischen Handlungen eine gewisse Ordnung nach Prioritäten haben.

Die To-do-Liste

Der Zeitpunkt dafür ist nun gekommen. Wenn Sie es nicht schon längst getan haben, sollten Sie es auf jeden Fall jetzt in Ihrem Veränderungstagebuch tun: Erstellen Sie schriftlich eine »To-do-Liste« mit einer absteigenden Rangfolge von primären Handlungen, den »A-Tätigkeiten«, bis zu nachgeordneten Dingen, den »B-« und »C-Tätigkeiten«. So eine Liste hilft nicht nur dem Manager, alles im Blick zu haben und dranzubleiben bis zum Durchbruch, sie kann auch Ihnen die Erledigung vielfältiger Aufgaben erleichtern – auch und vor allem dann, wenn es darum geht, konkrete Lösungen für einen Übergang oder Wechsel zu finden. Denn eine To-do-Liste verschafft mehr Überblick, mehr Freiheit, mehr innere Ruhe. Aufgelistet nach Wichtigkeit können Sie Abläufe im Kopf durchgehen, nachbessern und abhaken, was Sie erledigt haben.

Veränderungstagebuch: To-do-Liste

»Das will ich erledigen«

- Priorität A: ....
....
....
....
....

- Priorität B: ....
  ....
  ....
  ....
  ....

- Priorität C: ....
  ....
  ....
  ....
  ....

Wie alles im Leben, so haben auch Erledigungslisten zwei Seiten. Die eine ist: Sie sind praktisch und hilfreich. Die andere ist: Viele Leute machen Zettel, verlegen sie dann aber wieder oder halten sich nicht daran.

Die Memory-Taktik

Wer dazu neigt, ein klitzekleines bisschen chaotisch zu sein – und sei es nur aus der persönlichen Überzeugung heraus, lieber spontan als reglementiert vorzugehen –, dem rate ich dazu, auf eine andere Art achtsam zu sein, die einen weniger unter Zugzwang setzt.

Wie? Indem Sie sich im Vorfeld zum Beispiel schon mal immatrikulieren, wenn Sie darauf sinnen, noch zu studieren, oder sich beim Prüfungsamt anmelden, wenn Sie noch Ihre Diplomarbeit schreiben wollen (so fühlt man sich der Sache eher verpflichtet). Indem Sie schon mal ein Inserat aufgeben, dass Sie einen Personal-Trainer suchen (der ruft Sie an), wenn Sie sich in Form bringen möchten, oder ein Kindermädchen, weil Sie sich vorgenommen haben, sich selbst mehr Freiraum zu verschaffen. Indem Sie schon mal Ihre Lebensversicherung auflösen, wenn Sie nach einem heilen Anderswo fliehen und ziehen wollen, von einem »piccolo Ristorante« träumen mit feiner Küche oder einer eigenen Werkstatt, in der Sie bildhauern oder an alten Autos basteln können (die plötzliche Liquidität konfrontiert Sie täglich mit der Frage »Was tue ich damit?«).

Sie können diese »Memory-Taktik« auch so gestalten, dass Sie Ihre gesamten Fast-Food-Vorräte aus dem Kühlschrank räumen, weil Sie zukünftig gesünder leben und rank und schlank werden wollen; dass Sie sich schon mal ein paar sündhaft teure, aber richtig gute Jogging-Schuhe kaufen, einen Tennisschläger oder Nordic-Walking-Stöcke, wenn Sie zu mehr Sportlichkeit tendieren; oder dass Sie sich allem entledigen, was Sie in das Hoheitsgebiet »mein neues Leben« nicht mehr mitnehmen möchten – wie zum Beispiel die weiten Jacken, die an »dicke Zeiten« erinnern, die harten Sachen aus der Hausbar, die Internetspiele, die Ihnen Zeit rauben, den Fernseher, wenn Sie mehr lesen möchten, die CDs, die Sie von der oder dem »Ex« geschenkt bekommen haben, Bilder an der Wand, die Sie an einen bestimmten Lebensabschnitt erinnern, das alte Auto, das nie anspringt, den langweiligen Business-Anzug, den Sie für ein Leben als »Kreativer« nicht mehr brauchen, das Schlagzeug, auf dem keiner mehr spielt ...

Ob mit oder ohne Planungslisten – ob mit jenen oder diesen demonstrativen Handlungen –, die Achtsamkeit liegt nicht allein in innerer Sammlung und Konzentration. Sie liegt auch darin, sich selbst gut zu kennen und genau das zu tun, wodurch wir am wenigsten in Versuchung geraten, nachlässig zu werden, und stattdessen hellwach bleiben. Im Kopf legt sich dann ein Schalter um. Er stellt sich ein auf »Ich bin startklar«.

Haben Sie einen »Plan B«?

Auch das gehört dazu, innerlich vorbereitet zu sein: Rechnen Sie damit, dass Widerstände auftreten. Es können Menschen sein, die es Ihnen schwer machen, es können Gesetze und Verordnungen sein oder Verantwortlichkeiten und Verpflichtungen. Es kann sein, dass zeitweilig Durststrecken zu überwinden sind, in denen alles hakt, bevor es sich dann wieder löst. Und auch das Unerwartete kann alles Gewollte jäh durcheinander wirbeln. Am besten ist, Sie stellen sich innerlich darauf ein, dass der Ziellauf mühsam werden kann.

Damit Sie nicht auf halber Strecke total am Limit sind, sollten Sie Ihre gesamte Planungs- und Handlungsenergie nicht nur auf eine Strategie setzen. Halten Sie für alle Fälle auch noch einen »Plan B« oder sogar »Plan C« bereit. Sie haben bestenfalls für jedes zu erwartende Problem eine Lösung parat – und sei es nur eine Notlösung. Legen Sie gedanklich Ihre Route fest, doch bleiben Sie offen für Umwege, Schlenker und Improvisationen.

Verschreiben Sie sich nicht einer einzigen, sondern einem Paket möglicher, realitätstauglicher Umsetzungsstrategien, und verhindern Sie so, dass Unerwartetes Ihnen einen Strich durch die Rechnung macht. Sie gewinnen mehr Freiheit. Sie liegt in der Autonomie und auch in der Nachdrücklichkeit, den Wunsch zur Erneuerung nicht durch auftauchende Barrieren zurückzunehmen und vorschnell ins alte Leben umzukehren.

> *Tipp:* Das Feld böser Überraschungen lässt sich auch eingrenzen, wenn Sie zuvor die Probe aufs Exempel machen. Im Beruf heißt das beispielsweise, dass Sie ein Sabbatjahr nehmen. Das ist ein vom Arbeitgeber genehmigter Langzeiturlaub zwischen drei und zwölf Monaten mit Weiterbeschäftigungsgarantie. Oder nutzen Sie einen Urlaub, um sich mit den praktischen Erfordernissen Ihres Neustarts vertraut zu machen – um zum Beispiel ein Praktikum in Ihrem Traumberuf zu absolvieren.
>
> Im Privaten kann das heißen: Gönnen Sie sich eine Beziehungspause, wenn alles nur noch Stress ist. Fahren Sie allein in Urlaub oder ziehen Sie eine Zeit lang in das leere Apartment eines Bekannten – so können Sie sich in die Situation versetzen, wie es wäre, allein für sich zu sorgen, zu planen, zu leben.
>
> Wenn Sie auswandern wollen: Spielen Sie das Leben im Land Ihrer Träume – mit einer anderen Sprache und Kultur – einmal durch, indem Sie sich für einen längeren Zeitraum dort aufhalten. Das Auswandern auf Zeit hat den Vorteil, dass Sie noch keine Brücken abbrechen müssen und sich dennoch ein genaues Bild vom Lebensgefühl und den Möglichkeiten, dort zu überleben, machen können.

Ob Leben oder Karriere, nutzen Sie eine Probezeit dazu, um sich mit praktischen Erfordernissen vertraut zu machen. Schnuppern Sie in das Leben hinein, das Sie anstreben. So wissen Sie, was Sie erwartet, und Sie vermeiden, dass vorzeitig Endstation ist.

6. Schritt: Tun Sie es!

Genug geredet: Irgendwann ist der Punkt gekommen, an dem man Fakten schaffen muss. Vor Ihnen liegt ein neuer Tag, ein neues Jahr, ein neues Leben, in dem alles anders werden kann und soll. Da gibt es massenhaft Traumtage, Menschen, die sich freuen, Sie zu sehen, und eine Flatrate für gute Gefühle. Da sind Sie freier, fröhlicher, erfolgreicher und attraktiver. Da zählt nicht Ihr früheres Leben, kein Fehler von gestern, kein Kontostand, kein Wörtchen »wenn«. Das ist Ihre Chance. Ergreifen Sie sie. Wenn nicht jetzt, wann dann?

Beenden Sie das »Für und Wider«

Gesetzt den Fall, Sie haben noch Restzweifel – Sie können sich Ihre gewünschte Lebensvariante inzwischen zwar lebhaft vorstellen, sind aber immer noch nicht sicher, ob Sie den Sprung wirklich wagen sollen –, so entkommen Sie diesen letzten Vorbehalten, indem Sie sich die folgenden Dinge vor Augen führen.

Der Veränderungs-Check ist gemacht Sie haben Ihren Bedürfnissen und Sehnsüchten ein Gesicht gegeben und Ihre Potenziale und Möglichkeiten geprüft. Sie haben sich mental gestärkt und praktisch gut vorbereitet. Sich jetzt noch länger mit Planung und Organisation zu beschäftigen, hin und her zu rechnen und weiter abzuwägen, ob Sie aus dem Flirt mit Ihrer Herzensangelegenheit etwas Ernstes machen sollen, das hieße, es innerlich zu zerreden. So verpassen Sie den Zeitpunkt, an dem das Eisen geschmiedet werden kann, weil es noch heiß ist. Deshalb: »Powern«!

Zweifel sind kein Gegenbeweis Negative Gefühle werten wir oft als Botschaft aus den tieferen Schichten unseres Bewusstseins. Wir meinen, »auf unseren Bauch« hören zu müssen und lieber die Finger davon zu lassen. Zweifel sind jedoch nicht unbedingt mit Intuition gleichzusetzen. Sie sind – darüber sind sich moderne Psychologen heute einig – vor allem ein typisches Merkmal für Entscheidungsprozesse und spielen eine wichtige Rolle für die innere Weiterentwicklung. Sehen Sie daher letzte Befürchtungen als ein Zeichen psychischer Gesundheit, aber auch als etwas, das es zu überwinden gilt. Denn das ist ebenfalls gesund. Deshalb: Durchringen!

Auch Umwege führen zum Ziel Auf der Autobahn des Lebens gibt es viele Nebenstraßen. Sollten Sie jetzt noch zögern, die sich bietende und angestrebte Ausfahrt zu nehmen, müssen Sie sich verinnerlichen: Sie können sich gar nicht verfahren. Selbst wenn sich herausstellen sollte, dass diese Abzweigung in die Irre führt, gibt es einen Ausweg. Auch wer die falsche Entscheidung trifft, kann über Umwege dennoch ans Ziel gelangen. Wer hingegen stur weiterfährt, kann die Straße ins neue Glück bald nur noch im Rückspiegel betrachten. Er wird nie in seinem Leben erfahren, ob das beherzte Abfahren nicht doch genau das Richtige gewesen wäre. Und er wird auch nicht über einen Zickzackkurs noch ans Ziel gelangen. Deshalb: Abbiegen!

Geben Sie Ihre Deckung auf

Da stehen wir nun. In unserem Leben ist Frühlingsstimmung, und in uns brennt die Sehnsucht, alles auf den Kopf zu stellen. Wer gestern noch dachte, sich den Gegebenheiten und dem Umfeld machtlos ergeben zu müssen, ist (hoffentlich) inzwischen von einer wunderbaren Unruhe erfasst worden – einer Vorfreude auf Veränderung und einer Lust, Neues zu beginnen. Halten Sie sich nicht länger in jener Schutzzone auf, in der nichts vollzogen wird. Krempeln Sie stattdessen für den Akt der finalen Umsetzung die Ärmel hoch und verlassen Sie Ihre Deckung.

Verweigern Sie von nun an eine Haltung wie die des Boxers, der jahrein, jahraus auf Defensive getrimmt war. Fest verankert ging er jeden Tag seinen Weg durch den Ring des Privaten und Beruflichen, die Fäuste immer schön vors Gesicht gehalten, um sich vor möglichen Angriffen zu schützen. Mit dieser Sicherheitshaltung hat er sich jedoch selbst die Sicht genommen, ist er ein schwerfälliger »Schreiter« geworden, kein leichtfüßiger »Ausprobierer« und »Dribbler«.

Doch genau das müssen Sie sein. Den Aus- und Einstieg schaffen Sie nur, wenn Sie der Statik Ihres früheren Verhaltens ein Schnippchen schlagen, indem Sie alten Ballast abwerfen und dem Kitzeln und Kribbeln nachgeben, das Sie dazu anregt, zu handeln – und zwar spielerisch, wagemutig, ohne Rückfahrkarte, ohne Absicherung, »one way«.

Deshalb nehmen Sie die Dinge jetzt in die Hand und handeln Sie, was auch immer sie in Ihrem Leben verändern möchten:

- Wenn Sie die ungeliebte Arbeit mit unsympathischem Chef und unsolidarischen Kollegen aufgeben und sich mithilfe eines Headhunters einen besseren Job angeln wollen – tun Sie es.
- Wenn Sie ein Jahr Auszeit brauchen, um auf dem Jakobsweg zu wandern, einen Segeltörn zu machen oder Theater zu spielen – nehmen Sie sich das Jahr.
- Wenn es Sie aus der Doppelhaushälfte in der Provinz herauszieht und in die Großstadt mit Kulturprogramm und menschlicher Vielfalt hineindrängt – geben Sie nach und kündigen Sie den Kreditvertrag für das Haus.
- Wenn Sie eine Weile im Ausland arbeiten oder an einer Universität in New York oder Sevilla studieren wollen – tun Sie es.
- Wenn Sie mit Ihren Ideen eine Karriere und den Aufstieg in eine Spitzenposition anstreben, statt weiter Versicherungen oder Kühlschränke zu verkaufen – starten Sie durch.
- Wenn Sie die auferlegten Beschränkungen in diesem Land satt haben und mit Tauchkursen auf Bali oder als Farmer auf Neuseeland Ihr Glück versuchen wollen, um einfacher und unkomplizierter zu leben – wandern Sie aus.
- Wenn Sie Ihrem Traummann oder Ihrer Traumfrau begegnen und sich nicht trauen, ihn oder sie anzusprechen und auf einen Kaffee einzuladen – tun Sie es und zögern Sie nicht länger, sonst bereuen Sie es irgendwann.

- Wenn Sie mit einem Menschen im Streit leben und darunter leiden, dass Funkstille herrscht – machen Sie den ersten Schritt und versöhnen Sie sich, solange es noch geht.
- Wenn Sie hin und her überlegen, ob Sie den Ihnen angebotenen Posten mit mehr Verantwortung, mehr Arbeit, aber auch mehr Kompetenzen und Spaß annehmen sollen, zieren Sie sich nicht – tun Sie es.

Kurz gesagt: Wenn Sie in irgendeiner Weise mit Ihrem alten Leben brechen und ein neues beginnen möchten – auch wenn Sie schon einige Anläufe hinter sich haben, die nicht von Erfolg gekrönt waren –, so sollten Sie sich ein Herz fassen und handeln. Heute, jetzt und hier.

Gehen Sie nach vorn

Entsagen Sie dem Schreiten in die immergleiche Richtung. Trauen Sie sich, sich selbst und Ihre Umwelt zu irritieren, indem Sie genau das tun, wovon Sie bislang immer nur geträumt haben, was Sie gelockt und zugleich auch geschmerzt hat. Beweisen Sie sich selbst, dass es geht. Sie werden sehen: Plötzlich stehen Sie da und erleben sich neu und anders. Dann sind Sie am Ziel.

Und von dort aus geht es weiter. Der Mensch, der man bisher war, vermischt sich mit dem Neuen, der Statiker mit dem Leichtfüßigen. Und heraus kommt ein »Aus-alt-mach-neu-Gefühl«, das einen trägt wie eine Woge aus positiver Aufgeregtheit und Begeisterung über das eigene Tun. Man könnte hüpfen vor

Freude, es gibt kein Halten mehr. Es ist ein Gefühl und eine Erfahrung, im Grunde doch so vieles noch nie gemacht und probiert zu haben und am liebsten jetzt und hier alles auf einmal durchziehen zu wollen.

Deshalb halten Sie in Ihrem Veränderungstagebuch fest, wovon dieser elementare und sich selbst überwindende Schritt gekennzeichnet sein soll. Wenn Sie mögen, notieren Sie auch Einzelheiten – zum Beispiel, was genau Sie sagen werden. Und dann nehmen Sie Abschied von Dingen, Beziehungen und Pfaden, die Sie bisher tausendmal gegangen sind. Sagen Sie der Vergangenheit »Lebewohl«. Stürzen Sie sich kopfüber hinein ins neue Leben, ins neue Ich. Gehen Sie nach vorn!

Veränderungstagebuch: Go!

»So mache ich es jetzt«

....
....
....
....
....
....
....

»Meine Erfahrung mit dem neuen Leben«

....
....
....
....
....
....
....

7. Schritt: Sichern Sie das Erreichte

Sie haben den Sprung gewagt! Herzlichen Glückwunsch! Sie sind angekommen. Genießen Sie das tolle Gefühl, endlich wahrgemacht zu haben, was Sie schon lange bewegt hat. Seien Sie stolz auf sich, dass Sie konsequent geblieben sind, auch wenn Ihnen manch einer abgeraten hat und Widerstände zu bewältigen waren. Freuen Sie sich über Ihren persönlichen Befreiungsschlag, kosten Sie ihn richtig aus – egal, wie klein oder groß der Schritt für Sie auch gewesen sein mag.

Lassen Sie sich also vom Zustand der Euphorie beflügeln und fliegen Sie munter durch den Tag – mit einer neuen Wahrnehmung von sich selbst, vom Leben im Allgemeinen und von den

Menschen im Speziellen. Aber passen Sie gleichzeitig auch gut auf. Denn wer jetzt denkt »Nun kann mir nichts mehr passieren« oder »Jetzt mache ich nur noch alles richtig«, der irrt. Daher gilt es, dranzubleiben. Lernen Sie, das abzusichern, was Sie erreicht und geschafft haben.

Verjagen Sie den Reueteufel

Untersuchungen haben gezeigt, dass von den Menschen, die sich zu einer Änderung in ihrem Leben entschieden hatten, jeder Zweite früher oder später von zwiespältigen Empfindungen heimgesucht wird. Es ist seltsam: Da hatte man lange Zeit die Sehnsucht nach einem schöneren Leben im Herzen und die Melodie von etwas Neuem und Spannendem im Kopf – und plötzlich, wo das alles Wirklichkeit geworden ist, mischen sich zu der Freude auch Gedanken und Gefühle, die alles infrage stellen.

Psychologisch betrachtet ist das jedoch eine ganz normale Reaktion. Daher sollten Sie nicht denken, mit Ihnen würde etwas nicht stimmen, wenn auf die Anfangseuphorie ein Dämpfer folgt. Wenn Ihnen nicht nach Feiern zumute ist und Sie im übertragenen Sinne so etwas wie »Kaufreue« empfinden, dann liegt es wahrscheinlich daran, dass Sie nicht nur etwas Neues begonnen, sondern vor allem auch mit etwas Altem aufgehört haben.

Aufhören bedeutet Trennung von Gewohnheiten, von Denk- und Verhaltensmustern, von Menschen und Orten. Und Trennung setzen wir seit unserer Geburt mit Verlust gleich. Unser Verstand sieht, was wir erreicht haben, und achtet den Kampf, den wir gekämpft haben – doch unser »kindlicher Gefühlsblick«

schaut nicht auf den Gewinn aller Strapazen, sondern darauf, was wir nicht mehr haben, auch wenn es noch so schlecht für uns war.

Verstärkt werden diese »Fremdheitsgefühle«, wenn man erkennen muss, dass der neue Job, die Selbstständigkeit, die neue Stadt, das neue Haus, der neue Partner, die Auszeit oder das angestrebte freiere Leben auch nicht ohne Macken sind.

Lassen Sie sich davon nicht aus Ihrem Hoch wieder in ein Tief zwingen. Diese Symptome sagen nämlich nichts darüber aus, dass Sie falsch gehandelt haben. Sie verraten lediglich etwas über das typisch menschliche Erwartungssystem. Anders ausgedrückt: Ihr Gehirn hat Sie lange Zeit nur mit schönen Bildern versorgt, damit Sie bei der Stange bleiben, sich weiter in die Richtung Ihres Traumes bewegen und nicht auf halbem Weg kehrtmachen. Und so wurde manches in Ihrem Kopf einseitig rosig gemalt, was der Realität nun nicht standhalten kann. Dieser Mechanismus ist ungefähr vergleichbar mit der ersten Verliebtheit – sie macht ja bekanntlich auch blind. Doch würde man vorher schon jede kleine, weniger schöne Marotte groß und wichtig mitbewerten, so wäre die gegenseitige Anziehung dahin, und man würde erst gar nicht zueinander finden.

Keine Frage: Unsere Wünsche und Visionen sind immer größer als die Realität, die allzu schnell ernüchtert. Die Vorstellungen von dem Leben, das wir führen wollen, und von der Person, die wir gerne sein möchten, sind immer weiträumiger als in Wirklichkeit. Wenn es dann eines Tages so weit ist – wenn man das Haus so eingerichtet hat, wie man es sich immer gewünscht hat, wenn man das Auto fährt, was man immer gerne fahren wollte, wenn man über seine Zeit endlich so verfügen kann, wie man das immer angestrebt hatte – und alles eingetreten ist, was man vielleicht jahrelang vor seinem geistigen Auge hatte, dann ist plötzlich alles viel kleiner und doch nicht so wunderbar, wie man es sich erträumt hat.

Das Beste ist daher: Richten Sie sich von Anfang an darauf ein, dass es nie perfekt sein wird und dass Sie für alles einen Preis zahlen müssen. Sonst sind Sie am Ende frustriert. Das neue Haus ist zwar schön geworden, aber im Prinzip auf einmal zu klein für die Pläne, die man hatte. Das neue Leben als Single nach der quälenden Beziehung hat auch seine Schattenseiten, weil man die Freiheit damit bezahlt, dass man hin und wieder auch mal einsam ist. Die Zeit, die man nun endlich zusätzlich für sich selbst zur Verfügung hat, geht auf einmal für Tätigkeiten drauf, an die man vorher nicht gedacht hat.

Angenommen also, Sie denken jetzt, wo Sie den Sprung in Ihr neues Leben vollzogen haben, dass Sie am liebsten wieder alles rückgängig machen würden, dann betrachten Sie es einmal so, dass lediglich Ihr Ich auf die Probe gestellt wird. Dabei hilft Ihnen diese kleine Übung:

Übung: Reueteufel

Als Gedankenbrücke stellen Sie sich in Momenten dieser Zweifel am besten ein kleines Teufelchen vor, das Ihnen Ihr Neuland nicht gönnt. Es sitzt da auf Ihrer Schulter und sagt fiese Dinge wie »Siehst du, das hast du nun davon!« – »Wärest du bloß bei deinen Leisten geblieben!« – »Früher war alles viel einfacher«. Wenn das

Teufelchen Ihnen Ihre Entwicklung und den inneren Erfolg also als Niederlage einreden will, dann wehren Sie sich. Antworten Sie ihm – wenn möglich auch lauthals. Zeigen Sie Widerstandskraft, indem Sie sich nicht von dieser falschen »Verherrlichung der Vergangenheit« verunsichern lassen. Zeigen Sie im Gegenzug dem Reueteufel sämtliche Punkte auf, die Sie für sich gewonnen haben, und sagen Sie ihm, was sich jetzt alles viel erfreulicher und besser für Sie darstellt als vorher.

Geben Sie sich Zeit, um mit Ihrem neuen Leben vertrauter zu werden. Und schicken Sie den kleinen Teufel, wann immer er Sie wieder »bequatschen« will, zurück in die Hölle.

Gestehen Sie sich Rückfälle zu

Erinnern Sie sich, was wir im ersten Kapitel besprochen haben? Mehr oder weniger neigen wir alle zur Wiederholung. Das heißt: Auch nach einem Neuanfang können wir wieder an den gleichen Knackpunkt geraten, an dem wir früher schon standen. Das ist nur menschlich. Denn auch nach einem Veränderungsprozess sind wir tief in uns drin immer noch der, der wir früher waren. Der »alte Mensch« in uns ist nicht auf einmal spurlos verschwunden. Er lebt im Wurzelstock unserer Persönlichkeit weiter. Niemand kann durch einen Neuanfang schließlich ein komplett anderer Mensch werden. Eine 180-Grad-Drehung zu vollziehen und anschließend so zu tun, als hätte es das

»Früher« nie gegeben, das wäre nicht nur ein überzogener Anspruch an sich selbst. Es könnte auch eine Identitätskrise nach sich ziehen.

Deshalb sollten Sie nun, da Sie vielleicht in Feierlaune sind, weil Sie eine ganz neue Sicht auf sich selbst und Ihr Leben bekommen haben, durchaus auch Rückfälle in alte Verhaltensschemata einplanen. Am besten bereiten Sie sich jetzt schon darauf vor, dass auch Zeiten kommen werden, in denen Sie ein Wiederaufleben Ihrer früheren Gedanken, Gefühle und Handlungen registrieren werden. Denken Sie vor allem nicht, ein hoffnungsloser Fall zu sein, wenn der »alte Mensch« wieder von Ihnen Besitz ergreifen will, wenn also die unguten Mechanismen plötzlich wieder da sind, von denen Sie dachten, sie endlich los zu sein. Das kann zum Beispiel der Fall sein, wenn

- plötzlich wieder alte Ängste auftauchen, da Sie beispielsweise am Arbeitsplatz vor einer Gruppe sprechen oder präsentieren sollen – obwohl Sie darin seit Jahren viel sicherer geworden sind und glaubten, keine Probleme mehr damit zu haben;
- Sie plötzlich wieder den inneren Druck verspüren und die Anflüge einer Depression, weil Sie sich etwa zu viel Arbeit aufgehalst oder Ihre Ansprüche zu hoch geschraubt haben – etwas, was Sie eigentlich nie wieder machen wollten;
- Sie sich plötzlich wieder darin verstricken, beispielsweise im Haus oder bei einer Einladung zum Dinner alles perfekt machen zu wollen und sich völlig aufreiben – obwohl Sie längst lockerer geworden sind und gelernt haben, fünf auch mal gerade sein zu lassen;

- plötzlich wieder die alten Gefühle auftauchen, sich klein, machtlos oder bevormundet zu fühlen, weil Menschen aus Ihrem nahen Umkreis wie die Eltern, Geschwister oder Freunde etwas getan oder gesagt haben, das Sie schmerzt – obwohl Sie eigentlich inzwischen darin geübt sind, sich nicht mehr verletzen zu lassen.

Wovon auch immer dieses Wiederaufleben alter Muster geprägt sein mag: Begegnen Sie einem solchen »Rückfall« jedes Mal mit einem bewussten »Vorfall«. Dafür analysieren Sie Ihre aktuelle Lebenssituation am besten wie ein Trainer den Spielverlauf nach einem verlorenen Match. Fragen Sie ab, wie es dazu gekommen ist, und prüfen Sie die oft sehr komplexen Zusammenhänge. Das können zum Beispiel berufliche Anspannung, Vorfälle in der Familie, ein körperliches Tief, zu wenig Schlaf- und Entspannungsphasen, Enttäuschungen, schlechte Nachrichten oder Alltagsprobleme sein. All das kann ursächlich damit zusammenhängen, weshalb Sie wieder ein Stück von Ihrem neuen Weg abgewichen sind und auf frühere Denk- und Handlungsmuster umgeschaltet haben.

Haben Sie die Faktoren ausfindig gemacht, die Sie ins frühere Denken und Fühlen zurückgedrängt haben, sollten Sie etwas tun, das Ihnen hilft, sich wieder nach vorn auszurichten. Nehmen Sie zum Beispiel dieses Buch wieder zur Hand, lesen Sie die Notizen auf den Seiten Ihres Veränderungstagebuchs oder nehmen Sie sich nochmals jene Formeln oder Übungen vor, die Ihnen Kraft gegeben und gutgetan haben. Sie können den Rückfall auch als »Warnschuss« betrachten – nämlich als Aufforderung, wieder an sich zu arbeiten und besser mit sich umzugehen.

Die Hauptsache ist, Sie traktieren sich nicht mit Selbstvorwürfen nach dem Motto »Wie konnte mir das nur wieder passieren«. Gehen Sie sanft, aber aktiv gegen solche Rückfälle vor. Und kehren Sie am nächsten Tag immer wieder zwanglos und voller guter Vorsätze zu dem Menschen zurück, dessen Denk- und Lebensweise für Sie einen Sinn ergibt und mit dem Sie sich vorgenommen hatten, den Rest Ihres Lebens zu verbringen.

Schützen Sie sich mental

Sie können sich anhand von einfachen, mentalen Maßnahmen davor schützen, nicht wieder ins Straucheln zu geraten und plötzlich vor den gleichen Problemen zu stehen wie damals. Sie sollten diese Maßnahmen zur Sicherheit immer bereithalten. Denn auf der Stufe, wo man glaubt, alles im Griff zu haben, bestehen immer noch verschiedene Gefahren, nämlich

- sich selbst falsch belohnen zu wollen,
- sich von anderen im negativen Sinn überreden zu lassen
- oder in Stress- und Ausnahmesituationen in alte Muster zurückzufallen.

Diese Gefahren der falschen Belohnung, des Sich-überreden-Lassens oder des Rückfalls können konkret zum Beispiel so aussehen:

- Man hat die Diät geschafft und nach Monaten der Disziplin sein Idealgewicht erreicht und gönnt sich daher das belohnende Stück Sahnetorte – und dann noch eins und noch eins.

- Da sind die Freunde oder Kollegen, die einen zum Spielverderber erklären, und man greift doch wieder zur Zigarette oder zum Drink, obwohl man sich beides abgewöhnt hat und gesund leben will.
- Da ist eine Arbeit im Büro, die noch fertiggestellt werden muss, oder ein Vorgesetzter, dem man gefallen will, und schon wird der Workaholic in uns wieder geweckt und man arbeitet durch und verzichtet auf den Gute-Nacht-Kuss für die Kinder, obwohl man sein Privatleben nie wieder vernachlässigen wollte.
- Da ist ein grauer Sonntag, an dem einen in der neu erworbenen Single-Wohnung die Decke auf den Kopf fällt, und man ruft den oder die Ex wieder an, obwohl man längst froh war, die quälende Beziehung hinter sich zu haben, und der Wahnsinn geht wieder von vorne los.

Jeder psychologisch Geschulte weiß: Menschen werden rasch wieder schwach, wenn sie zum Beispiel krank werden, wenn ihnen die gewünschte Anerkennung verweigert wird, wenn sie sich ungerecht behandelt fühlen, wenn sie von Nahestehenden (Partner, gute Freunde oder Eltern) emotional manipuliert werden, wenn der Verlust des Arbeitsplatzes droht oder Ähnliches. Und oft ist es dann so, dass nach einem vermeintlich »harmlosen« Ausreißer die Wiederaufnahme alter Verhältnisse folgt. Damit Sie nicht so leicht in Versuchung geraten, hier ein paar Tricks gegen diese Gefahren.

Schaffen Sie sich ein negatives Erinnerungszeichen Das kann ein Brief aus Zeiten sein, in denen die Beziehung längst kaputt war und sie sich vom Partner sehr allein gelassen fühlten; oder die hundertfache schriftliche Ablehnung einer Bewerbung; oder ein Symbol für die Mobbing-Attacken einiger hinterhältiger Kollegen und eines inkompetenten Vorgesetzten, bevor man sich entschied, woanders zu arbeiten oder sich selbstständig zu machen; oder eine Schachtel des Medikaments, mit dem Sie damals Ihre Stress-Symptome bekämpften; oder der Gipsverband aus der Zeit, in der Sie ans Bett gefesselt waren oder sonst etwas, was an die Krankheit oder den Unfall von damals erinnert und Sie heute schon bei einem flüchtigen Blick darauf veranlasst zu sagen »Bin ich froh, dass das vorbei ist« oder »Da will ich nie wieder hin«.

Mit einem negativen Erinnerungszeichen geraten Sie weniger in die Gefahr, Ihre Vergangenheit zu glorifizieren oder zu verharmlosen. Holen Sie dieses »Symbol für früher« dann hervor, wenn Sie schwach werden. So werden Sie abgeschreckt, einen Weg anzutreten, der kontraproduktiv wäre.

Schaffen Sie sich ein positives Erinnerungszeichen Das kann ein Zeitungsausschnitt oder ein Presseartikel sein, in dem Sie lobend erwähnt wurden und der zeigt, dass Sie etwas aus sich gemacht haben, worauf Sie stolz sein können; oder eine Belohnung wie ein Schmuckstück, eine Uhr, der Motorroller oder das Cabrio, die Sie sich zu Ihrem gelungenen Neuanfang selbst geschenkt haben; oder Fotos von wunderbaren Menschen, die Sie seither kennen gelernt haben; oder eine Postkarte von jenem Urlaubsstrand, an dem Sie den Beschluss gefasst haben: »Jetzt wird alles anders.«

Mit einem positiven Erinnerungszeichen können Sie sich daran erfreuen, was Sie für sich erreicht haben. Behalten Sie es im Blickfeld. So vergessen Sie nicht so leicht, was Ihnen Ihr neues Leben wert ist.

Schaffen Sie sich eine motivierende Formel Das kann ein selbst formulierter Satz sein wie etwa »Ich bin das, was ich selbst aus mir mache« oder »Heute ist mein Tag«; oder ein Zitat wie »Verbessern heißt verändern. Perfekt sein heißt demnach, sich oft verändert zu haben« (Winston Churchill) oder »Man ist entweder Teil der Lösung oder Teil des Problems. Ich habe mich für Ersteres entschieden« (Michail Gorbatschow); oder auch nur ein oder zwei Worte, wie zum Beispiel »Gib acht!« oder »Danke«, die Sie auf eine Karte schreiben oder drucken und sie sich – so wie ich es auch selbst gemacht habe – ins Bücherregal stellen.

Mit einer motivierenden Formel werden Sie immer wieder daran erinnert, was Sie sich vorgenommen haben. Hängen Sie den Zettel an präsenter Stelle auf. So stärken Sie Ihr neues Selbstbild und das immer noch etwas fremde Gefühl zu sich selbst.

Schaffen Sie sich eine demonstrative Handlung Das kann eine Art Ritual sein, wie etwa jeden Morgen einen bestimmten Song zu hören, eine bestimmte Entspannungs- oder Power-Übung zu machen oder der bewusste Blick aus dem Fenster in den Park, den Sie neuerdings vor dem Haus haben, oder über die Dächer der Stadt; oder ein Schlachtruf; oder das Gespräch mit sich selbst im Auto oder anderswo, bei dem Sie sich aufzählen, was alles viel besser als früher ist und dass Sie sich richtig entschieden und gehandelt haben; oder auch ein Moment der Ruhe und meditativen Einkehr, bei dem Sie sich im Einklang mit sich selbst fühlen.

Mit einer demonstrativen Handlung machen Sie sich immer wieder deutlich, dass Sie die Selbstbestimmtheit gewählt haben. Wichtig ist die regelmäßige Wiederholung. So sorgen Sie täglich für die richtige Einstellung und geben der Psyche immer wieder einen positiven Kick.

Am besten probieren Sie alle Maßnahmen für sich einmal aus und notieren sich jene im Veränderungstagebuch, von der Sie gemerkt haben, dass sie Sie am ehesten davor schützt, ins Schwanken zu geraten. Praktizieren Sie diese Maßnahme im Alltag regelmäßig. So verhindern Sie, dass es nachher heißt: »Gehen Sie zurück auf Los!«

Veränderungstagebuch: Schutzmaßnahmen

»Damit halte ich mich selbst auf Kurs«

....
....
....
....
....

```
..........................................................
..........................................................
..........................................................
..........................................................
..........................................................
..........................................................
..........................................................
```

Die Reise geht weiter

Wie lebt jemand, der von sich sagen kann »Ich habe mich neu gefunden«? Er arbeitet weiter an sich selbst! Selbstveränderung ist ein Prozess ohne Pause. Es vergeht dabei kein Tag, an dem man sich ausruhen kann. Die Dinge, die Sie verinnerlicht haben, um einen alten Teil von sich abzustreifen und sich in einen neuen Menschen zu verwandeln, sollten Sie beibehalten und täglich praktizieren wie eine Gymnastikübung. Denn ein Verhalten, das nicht dauernd abgefragt und genutzt wird, verkümmert und vertrocknet irgendwann wieder – wie eine Pflanze, die nicht gegossen wird. Der beste Veränderungsplan nutzt wenig, wenn die Beharrlichkeit zur Selbstoptimierung nachlässt.

Daher sehen Sie sich auch in Zukunft weiterhin als jemanden, der »unterwegs« ist. Betrachten Sie Ihr Leben als eine Reise, die niemals endet. Die Bereitschaft, auf ungute Richtungswechsel zu reagieren und sich bei Bedarf wieder des inneren Veränderungsprozesses zu unterziehen, ein Stück der alten Existenz hinter sich zu lassen und eine neue Identität anzunehmen, darf nicht ermüden.

Wer wie Sie so weit gekommen ist, sollte sich klarmachen, dass jede Unterbrechung die Gefahr mit sich bringt, die von Ihnen initiierte Verhaltensänderung aufzuweichen und auf kurz oder lang wieder dort zu landen, wo Sie früher einmal standen – und dann fragen Sie sich vermutlich bekümmert: »War es das jetzt? Soll das mein neues Leben sein?« Lassen Sie das nicht zu. Es wäre doch zu schade, wenn Ihre Mühen umsonst gewesen wären und Sie alles, wofür Sie gekämpft haben, wieder verlieren.

Verstehen Sie die Arbeit an sich selbst daher nicht als etwas Lästiges, sondern als etwas sehr Schönes und Sinnstiftendes. Sie hilft Ihnen, gut mit sich selbst und mit Ihrem Leben umzugehen. Indem Sie jeden Tag die Bereitschaft pflegen, bei Bedarf den Pfad der Routine wieder zu verlassen, sich zu korrigieren und sich in eine bessere Richtung zu begeben, übernehmen Sie höchste Verantwortung gegenüber dem eigenen Leben. Sie entwickeln sich auf diese Weise zu einem Menschen, der die Wahrnehmung der eigenen Begrenztheit immer wieder aufbricht, um sich den Blick nach vorn zu ermöglichen – auf die Fülle der positiven Möglichkeiten.

Ich weiß sehr wohl: Es gibt Zeiten im Leben, da ist das leichter gesagt als getan. Da lassen die Kräfte nach und wir erstarren, weil Dinge geschehen, die uns bestürzen und aus der Bahn werfen. Doch hüten Sie sich davor, in solchen Zeiten zu denken, nun sei es vorbei mit der Reise und dem »Sich-selbst-neu-Definieren«. Geben Sie sich auch in solchen Situationen stets eine Chance. Nehmen Sie die Herausforderung wieder an – dann sind sie auch auf einmal wieder da, diese Momente, in denen sich Ansätze bieten, wieder aufzubrechen und fortzufahren.

Die Kunst, sein Leben zu verändern und sich selbst immer wieder neu zu erfinden, liegt in dem täglichen Selbstversuch, dem eigenen Erstarren den Kampf anzusagen. Das ist Ihre Freiheit. Darin liegt das Geheimnis für ein authentisches Leben – ein Leben nach Ihren Vorstellungen. Dabei kommt es in schwierigen Phasen gar nicht so darauf an, große Schritte zu tun, sondern immer wieder neu anzusetzen und nicht stillzustehen. Den Sieg über widrige Umstände und über Ihr altes Ich erringen Sie nur, wenn Sie in Bewegung bleiben.

5. Selbsterfinder leben besser

»Ein jegliches hat seine Zeit, und alles Vorhaben unter dem Himmel hat seine Stunde.« Dieses Bibelwort bringt zum Ausdruck, dass es für alles im Leben den richtigen Zeitpunkt gibt – aber auch, dass alles, was eine Zeit lang vorgeherrscht hat, irgendwann abgelöst und durch etwas anderes ersetzt wird.

Das heißt nun konkret auf Sie bezogen Folgendes: Wenn Ihr »Vorhaben Nummer 1« davon geprägt war, der Person immer ähnlicher zu werden, die Sie von sich erträumten, und wenn Sie einiges dafür getan haben, sich in der gewünschten Weise zu verwandeln, so sollte Ihr »Vorhaben Nummer 2« sein, den erreichten Zielpunkt wieder infrage zu stellen und abermals etwas zu wagen, wenn das Neue irgendwann nicht mehr gut lebbar ist. Denn die Jahre vergehen, und jedes »Neu-Sein« hat sich eines Tages verbraucht. »Alles hat seine Zeit.«

Glücklich bleibt, wer sich oft verändert

Alle sieben Jahre ändert sich unsere Bühne des Lebens. Der Ablauf dieser Zeitspanne ist häufig mit Umbruchphasen verbunden. Astrologen sagen zum Beispiel, dass ein sogenannter »Alterspunkt« im Uhrzeigersinn durch das Horoskop wandert und in jeweils sieben Jahren ein »Haus« durchzieht. Die Anthroposophen meinen, dass die menschliche Entwicklung in »Jahrsiebten« verläuft: Bis zum siebten Lebensjahr lernt man mit der Hand, bis zum 14. Jahr mit dem Herzen und bis zum 21. Lebensjahr mit dem Kopf. In den folgenden sieben Jahren werden der Verstand und das Bewusstsein ausgebildet. Die Paartherapeuten wiederum sprechen gern vom »verflixten siebten Jahr«. Denn Partnerschaft und Ehe – so konnten amerikanische Psychologen nachweisen – sind auffallend oft von Sieben-Jahres-Zeitspannen geprägt, in denen das Zusammenleben neu hinterfragt wird.

Tatsache ist: Viele Menschen erleben Wendepunkte rund um ihr 21. Lebensjahr sowie um das 28., das 35., das 42., das 49., das 56., das 63. und das 70. Lebensjahr. Und ohne es zu merken, sind wir alle auf irgendeine Weise in diese Sieben-Jahres-Intervalle verwoben – der eine mehr, der andere weniger.

Deshalb rechnen Sie doch einmal nach: Wann war das damals mit dem Jobeinstieg? Wann haben Sie sich innerlich reif genug gefühlt, um zu heiraten? Wann kam das erste Kind, oder wann haben Sie Ihre Zweisamkeit auf andere Weise manifestiert? Wann haben Sie sich privat neu orientiert oder haben sich einem ganz anderen Beruf verschrieben? Wann haben Sie Ihrer Lust auf Entfaltung nachgegeben und sich aufgemacht, die eingefahrenen Wege zu verlassen? Wann haben Sie dieses Buch in die Hände genommen?

Doch trotz der angeführten Beispiele ist mir auch klar, dass stärker noch als diese Zeitspannen unverhoffte Ereignisse unser

Leben dirigieren. Und diese geschehen, egal welches Jahr wir gerade schreiben. Und wer mag schon in die Zukunft blicken und seufzen müssen: »Schade, bald sind die sieben Jahre um, und ich muss mich schon wieder umorientieren – wo ich mich doch gerade mit allem so wohlfühle.«

Sie brauchen also kein mulmiges Gefühl zu haben. Sie sollten die beschriebenen Sieben-Jahres-Intervalle lediglich als potenzielle Prüfstation für sich selbst betrachten, für Ihre Beziehung, Ihre Karriere, die Menschen, mit denen Sie sich umgeben, und die Ziele, die Sie sich gesetzt haben. Damit schaffen Sie sich eine gesunde Basis für die nächsten sieben Jahre, die nicht minder gut verlaufen können wie die vergangenen. Und wer weiß: Vielleicht eröffnen sich ja gerade im siebten Jahr noch weitere ungeahnte Perspektiven.

Im Sieben-Jahres-Rhythmus zu einem erfüllten Leben

Ich empfehle Ihnen, diese »Zahlenspielerei« außerdem einmal zum Anlass zu nehmen, um darüber nachzudenken, dass Sie nicht nur dieses eine, vielleicht mit Mühen erkämpfte, sondern mehrere »neue« Leben haben können. Ich bin aufgrund meiner Tätigkeit und der dabei gemachten Erfahrungen zu der Überzeugung gelangt, dass wir Menschen innerhalb eines Lebenslaufes die Chance auf sieben Leben haben, auch wenn diese Fähigkeit allgemeinhin nur den Katzen zugesprochen wird. Sieben – vielleicht sogar noch mehr.

Gönnen Sie sich daher den Luxus, weiter zu ergründen, was noch alles für Sie umsetzbar und erreichbar wäre – auch wenn

Sie Ihre Reise in ein neues Leben bereits abgeschlossen haben und mit dem Status zufrieden sind, den Sie für sich erreicht haben. Gestatten Sie es Ihren Gedanken, weiter vorauszueilen, und zwar der Zeit entgegen, die vielleicht erst in einigen Jahren für Sie beginnt – nämlich dann, wenn der Nachwuchs groß ist, Sie älter geworden sind, andere Bedürfnisse haben oder die Schicksalsschläge des Lebens Sie plötzlich wieder vor andere Voraussetzungen stellen.

Durchforschen Sie doch einmal Ihre bisherige Biografie und prüfen Sie, wie viele unterschiedliche Lebenspunkte Sie bereits hinter sich haben. Kindheit und Pubertätsjahre können Sie dabei ausklammern. Beginnen Sie mit jenem Zeitabschnitt, in dem Sie sich selbst erstmalig als eine bestimmte Persönlichkeit definiert haben. Das kann zum Beispiel so aussehen: »Ich studiere jetzt Jura und werde einmal eine erfolgreiche Anwältin mit interessanten Mandanten, für deren Rechte ich kämpfen will.« Oder so: »Ich absolviere eine Ausbildung als Fotograf und werde mal ein berühmter ›People-Fotograf‹ mit großem Studio und großen Kunden.«

So ähnlich sah das Bild vielleicht aus, das Sie einst von sich und Ihrem Leben hatten. Und diese damalige Vorstellung von Ihrer Zukunft hat Sie motiviert, Prüfungen zu bewältigen, Mensaessen zu mögen, ein altes, klappriges Fahrrad zu fahren und so weiter. In dieser Phase haben Sie eine Identität angenommen, die sich aus den stabilen Merkmalen Ihrer bis dahin gereiften Persönlichkeit zusammensetzte und dem labilen Bild, das Sie sich von sich selbst und Ihrem zukünftigen Leben machten.

Dass manches auch ganz anders kommen kann, zeigt sich dann in den darauf folgenden Jahren. Vielleicht erwies sich der angestrebte Beruf im Alltag als doch nicht so erfüllend, weil Sie all die Jahre ein falsches Bild vor Augen hatten, und Sie mussten beruflich einen anderen Weg einschlagen. Oder Sie starteten nach dem Ende einer Ehe oder Partnerschaft und einer Zeit als Single nochmals einen privaten Neuanfang. Oder Sie erfuhren eine schwere Krankheit oder Krise und haben daraufhin Ihre Einstellung zum Leben komplett geändert.

Wie auch immer: Zählen Sie einmal alle bisherigen gewollten und ungewollten Bruch- und Aufbruchstellen in Ihrem Leben zusammen. Dazu gehören Beginn oder Ende einer langjährigen Beziehung genauso wie der neue Lebensabschnitt als Mutter oder Vater, der Umstieg in einen anderen Beruf oder der Neuanfang nach einem Schicksalsschlag. Die oben genannte These der »sieben Leben« gilt dabei, wie gesagt, lediglich als Mindestangabe und Faustformel – natürlich können es auch mehr werden. Wenn es weniger sind, wäre es jedoch bedauerlich, da Sie sich dann selbst etwas vorenthalten. Daher überlegen Sie heute einmal, welche Art und welche Farbe von Leben Ihnen in der Sammlung noch fehlt. Nutzen Sie Ihre bisherigen Erfahrungen und Ihre Kompetenzen dazu, um sich der »Sieben-Leben-Formel« zu nähern, sie vielleicht sogar zu übertreffen. Denn sie ist die Formel für Fülle.

Wie Sie aus einem Leben viele machen

Wer glücklich bleiben möchte, kommt nicht umhin, sich von Zeit zu Zeit erneut mit folgenden Fragen zu beschäftigen: Bin ich noch immer am richtigen Platz? Wo will ich vielleicht noch hin? Welche Erfahrungen möchte ich noch machen? Wie stehen meine Chancen? Wo sind meine Grenzen?

Wenn Sie diese Haltung entwickeln, schauen Sie ganz anders in die Zukunft. Sie sehen sich auf diese Weise als eine Person, die von einem sinnerfüllten Lebenspunkt zum anderen überwechseln und sich dabei jedes Mal eine neue Identität schaffen kann, ohne sich dabei selbst zu verlieren. Denn was nach außen hin als eine Aneinanderreihung von Brüchen in der Biografie erscheint, ist nichts anderes als die kontinuierliche Entwicklung eines Menschen, der im Kern ein und derselbe bleibt. Das Sich-selbst-Verändern wird auf positive Weise Teil des Lebens. Sie machen es zum Normalzustand, aus dem Vollen zu schöpfen, Ihr Persönlichkeitspotenzial auszuleben, den Lebensmotor gut geölt in Gang zu halten. Und genau darum geht es.

»Niemals anfangen aufzuhören und niemals aufhören anzufangen.« Diese Aussage von Ursula Lehr, einer führenden Wissenschaftlerin auf dem Gebiet der Erforschung und Gestaltung des Alterns, wurde zum Lebensmotto vieler Frauen und Männer, die sich mit einer privaten und beruflichen Identität nicht zufriedengeben, sondern stattdessen Abwechslung und Herausforderung suchen. Vorbilder für diese Menschen sind nicht selten Personen des öffentlichen Lebens.

Arnold Schwarzenegger ist eines dieser leuchtenden Beispiele: In seinem ersten Leben war er Bodybuilder und errang 1967 den Titel »Mister Universum«. Sein zweites Leben verbrachte er als einer der populärsten Filmhelden des Action-Kinos. Das dritte Leben war dazu da, um mit dem Muskelmann-Image zu brechen und als Schauspieler des Komödienfachs zu avancieren. Als viertes Leben wählte er den Posten als Vorsitzender des nationalen Rates für Fitness und Sport. In seinem fünften Leben widmete er sich ganz der Politik und gewann die Wahl zum Gouverneur von Kalifornien. Was der eingebürgerte Österreicher, der zudem in eine der ältesten Familien Amerikas eingeheiratet hat, in seinem sechsten Leben noch alles vorhat und was er in den anschließend noch verbleibenden Leben verwirklichen wird, bleibt abzuwarten.

Ein anderes Beispiel ist Steffi Graf. Bereits in den 80er Jahren galt sie als Wunderkind des Tennissports. Sie spielte als Profi und gewann insgesamt 107 Turniere – damit ist sie eine der besten Tennisspielerinnen überhaupt. Nach dem Ende ihrer Sportkarriere rief sie die wohltätige Stiftung »Children for Tomorrow« ins Leben, die Kinder und Familien unterstützt, die Opfer von Krieg, Verfolgung und Gewalt geworden sind. 2003 gründete Steffi Graf zusammen mit einigen Partnern das Franchise-Unternehmen »Mrs. Sporty«. Das Unternehmen betreibt Sportclubs für Frauen und will »gesunde Ernährung zu einem natürlichen Teil im Leben von möglichst vielen Frauen in Deutschland machen«. Und »nebenher« ist Steffi Graf auch noch als Designerin erfolgreich, ist eine gefragte Darstellerin in Werbespots, vermarktet ihr eigenes Parfüm und führt bei alledem noch ein relativ normales Leben als Ehefrau und Mutter.

Die Liste von Persönlichkeiten ist lang, deren Leben für all jene eine Vorbildfunktion hat, die sich zum Ziel setzen, nicht aufzuhören und in sich selbst erfindender Weise immer wieder etwas Neues anzufangen. Diese Liste beinhaltet Prominente, aber auch Namen, die nur innerhalb eines speziellen Kreises bekannt sind. Mag auch die schillernde Biografie so mancher dieser Personen für den Normalverbraucher von den eigenen Möglichkeiten weit entfernt scheinen, so kann doch das Prinzip, von einem Leben ins andere zu »springen« und sich dabei wie beim Insel-Hopping im Urlaub von allem das Schönste mitzunehmen, für jeden Menschen eine Perspektive darstellen. Und dabei ist es egal, ob man mit bescheidenen oder üppigen finanziellen Mitteln ausgestattet ist, ob man eine Familie hat und Verantwortung trägt oder frei und unabhängig ist.

»Life-Hopping«, wie ich diese Art zu leben nenne, ist eine Möglichkeit, die eigenen Potenziale über das aktuell erreichte Ziel hinaus weiter auszuleben, wenn nicht gesundheitliche oder andere schwerwiegende Beeinträchtigungen das verhindern. Life-Hopper sind Menschen, die Zug um Zug ihre vielen Interessen ausleben. Entweder wurden sie durch private und berufliche Umstände dazu gezwungen, oder sie haben freiwillig entschieden, ihren diversen Leidenschaften eine Chance zu geben. In unserer westlichen Zivilisation sind sie die erfülltesten Menschen, die ich je getroffen habe. Sie sind dauernd in Bewegung, verfolgen stets mit Begeisterung irgendein Projekt und suchen neue Erfahrungen. Sie halten ihr Leben durch Sprünge positiv unter Spannung, genauso wie auch die folgenden Personen aus meinem Beratungsumfeld:

Ein Herzchirurg hängt seinen gut bezahlten Job an den Nagel, erstellt heute Story-Boards für Spielfilme, will morgen noch Vater von drei Kindern, Gärtner und regionaler Meister im Bridge werden, arbeitete daran, ein Landschaftsprojekt in Afrika ins Leben zu rufen, und will einmal den New-York-Marathon schaffen – »Hauptsache mitlaufen«...

Eine frühere Verwaltungsangestellte war verheiratet, hat einen Sohn und führte ein »abgesichertes, braves Leben«. Dann verunglückte der

Ehemann tödlich und sie fragte sich: »Was machst du jetzt?« Und so schulte sie um, wurde zuerst Filzdesignerin, dann Yogalehrerin und möchte morgen mit Freundinnen eine Buchhandlung mit eigenem Literaturcafé mit selbst gebackenem Kuchen und anderen Köstlichkeiten betreiben – »ein Ort der Genusskultur«. Bis sie sechzig ist, möchte sie unbedingt alle Gedichte von Robert Gernhardt und Heinrich Heine auswendig können ...

Ein ehemaliger Kampfjet-Pilot arbeitet zurzeit mit Leib und Seele als Schreiner, verfolgt den Plan, die Hälfte des Jahres in Portugal zu leben und in dieser Zeit dort als Architekt zu arbeiten, »um den Charme alter Gehöfte zu erhalten«, spielt E-Piano und singt in einer Band, verbringt täglich zwei Stunden im Hochsitz im Wald und möchte morgen unbedingt eine Cocktail-Bar eröffnen – »eine, die es *so* noch nicht gibt« ...

Eine ehemalige Produktmanagerin ist heute Köchin im eigenen Restaurant, weil sie der Stress krankgemacht hat und sie »die Leere der Leute« nicht mehr aushalten konnte. Zurzeit schafft sie sich Freiräume, um am Theater noch den Gewandmeister absolvieren und historische Modeschnitte umsetzen zu können, sie »will einmal einen ganzen Sommer lang nur draußen sein, um Schafe zu hüten«, und möchte morgen unbedingt noch Japanisch lernen und »ein dickes Buch über die Kulturgeschichte des Schuhwerks schreiben« ...

Nun ist es ja nur selten so, dass Life-Hopper ihre diversen Sprünge geplant hätten. Der Lauf des Lebens führt sie oft erst dahin. Zuerst schien alles so, als sei man angekommen. Alles war normal – der Job, das Familienleben, die Freuden, die Nöte. Doch dann nimmt die Geschichte eines Tages eine Wendung und man will etwas finden, das besser zu den eigenen intellektuellen, körperlichen und emotionalen Möglichkeiten passt. Oder es geschieht etwas, dass einen vor die Wahl stellt: Entweder man zerfließt in Selbstmitleid und klagt mit Wut im Bauch die Welt an, oder man nimmt allen Mut zusammen und macht sich erneut auf – und zwar im Vertrauen darauf, dass das, was an Interessen und Fähigkeiten in einem steckt, ausreicht, um sich wieder als aktiver Spieler zu fühlen statt als passiver Verlierer. Ausschlaggebend ist, dass die betreffende Person bereit ist, eine Veränderung oder Krise als Chance anzunehmen. So beginnt die Geschichte, die erst vorbei zu sein schien, für den Life-Hopper immer wieder neu. Und zu guter Letzt ist es die eines gelungenen Lebens.

Raus aus der Schublade

Menschen, die im Alter gefragt werden, was sie rückblickend in ihrem Leben anders gemacht hätten, sagen häufig: »Ich habe mich so vielen Dingen nicht ausreichend gewidmet, die mir wirklich wichtig sind.« Erst, wenn etwas zu Ende geht, erkennen wir meist die Einmaligkeit dessen, was wir haben beziehungsweise hatten. Und vielfach folgt dann der melancholische Nachtrag: »Na ja, vielleicht im nächsten Leben.«

Doch warum sollte man alles auf das »nächste Leben« vertagen? Es ist ein Irrtum zu meinen, dass man ja bereits einen wichtigen Veränderungsprozess durchlaufen hat und mehr einfach nicht drin ist. Lassen Sie sich lieber vom Virus der »sprunghaften« Lebensart infizieren. Das soll natürlich keine

Aufforderung sein, frei nach dem hedonistischen Lustprinzip immer wieder etwas Neues anzufangen, sobald einem das Alte ansatzweise nicht mehr gefällt. Denn auch eine solche Lebensweise nutzt sich ab. Handeln sollten Sie vielmehr dann, wenn Sie das Gefühl haben, dass die Schublade, in die Sie sich selbst einsortiert haben, wieder zu klein geworden ist und weitere Potenziale in Ihnen danach verlangen, ebenfalls freigesetzt zu werden.

Zugegeben: Nicht alles ist im Nachhinein noch machbar. Um es zum Beispiel im Ballett zu Ruhm und Ehren zu bringen, sollten Sie schon vor dem 20. Lebensjahr sehr gut gewesen sein. Das Gleiche gilt, wenn Sie noch als Klavier- oder Geigenvirtuose reüssieren möchten. Ähnlich eingeschränkt sind wir ab einem gewissen Alter natürlich auch im Hinblick auf Berufs- und Lebensrichtungen wie etwa Hochseilartist, Topmodel oder Fußballstar, Jockey oder Stuntman, Pilot oder Astronaut. Aber muss es das alles wirklich sein? Sicher gibt es auch noch andere Lebensideale in Ihrem Herzen, deren Umsetzung durchaus machbar wäre.

Bleiben Sie am Ball – für ein erfülltes Leben

Etliche Menschen schaffen es, ihr momentanes Leben mit festem Beruf, familiärem Umfeld und sozialen Kontakten aufrechtzuerhalten und sich zugleich in Parallelwelten zu tummeln, in denen sie all jene Potenziale ausleben, die im »Hauptleben« nicht unterzubringen sind. Ein prägnantes Beispiel dafür ist für mich folgendes:

Ein erfolgreicher Arzt hat sich neben seiner Arbeit in der eigenen Praxis als einer der bedeutendsten Sammler zeitgenössischer Kunst in Deutschland etabliert. Und als sei das nicht genug, hat er auch noch eine bedeutende Marcel-Proust- und Petrarca-Sammlung aufgebaut. Was treibt einen Menschen um, der nach eigenen Angaben mit vier Stunden Schlaf pro Nacht auskommt? Woher nimmt er die Kraft, den anstrengenden Beruf eines Arztes auszufüllen, parallel seine vielen anderen Sehnsüchte zu stillen und außerdem eine Familie zu haben, mit dem Hund spazieren zu gehen, mit der Tochter die Schularbeiten durchzusehen und das Altglas zum Container zu bringen, mag sich manch einer fragen?

Nicht jeder ist für so einen anspruchsvollen Spagat zwischen verschiedenen Tätigkeits- und Interessenbereichen geschaffen. Für viele Ohren klingt solch eine Existenzform sicherlich fremd. Dennoch sollte uns dieses Beispiel nachdenklich machen: Warum denken wir uns unser Leben so, dass darin in der Regel nur ein Berufsweg angestrebt wird, ein Hobby zum Ausgleich sowie eine Sportart zur Erhaltung der Fitness? Warum hängen wir überhaupt immer noch an der Vorstellung der unbefristeten Festanstellung bis zur Rente und an einer Lebensweise, in der Freizeit mit den immer gleichen Beschäftigungen ausgefüllt wird? Warum wollen wir uns nicht langsam mit dem Gedanken anfreunden, dass wir in jeder Hinsicht vielmehr »Allrounder« sein können und sollten – im Beruf wie im Privaten, unsere einzelnen Persönlichkeitsanteile wie unser Leben als Ganzes betreffend?

Ich hege folgende Hoffnung: Wenn wir es geschafft haben, uns innerlich von der Idee des »Jobs fürs Leben« zu verabschieden, dann gelingt uns auch der nächste Schritt, nämlich uns als

Menschen zu verstehen, die sich in jeder Hinsicht ihre Persönlichkeitsvielfalt zunutze machen. Denn was in der Berufswelt längst durch das rasante Tempo einer weltweiten wirtschaftlichen Entwicklung vorgegeben wird, sollte auch für den Rest unseres Daseins gelten und nicht länger mit dem Etikett des Unsteten oder Übertriebenen behaftet sein. Wenn wir Jobwechsel oder gar mehrere Jobs gleichzeitig akzeptieren, so können wir auch innerhalb aller anderen möglichen Lebensaktivitäten eine »Vita activa« führen.

Die Säulen des Selbsterfinders

»Vita activa« ist ein Begriff, der ursprünglich aus dem Mönchtum stammt und früher »ein Leben für andere« propagierte. Die Philosophin Hannah Arendt hat ihn in den 60er Jahren noch einmal für sich erweitert und ihn stellvertretend für die Grundtätigkeiten des Menschen »Arbeiten, Herstellen und Handeln« gesetzt. Heute gilt er vor allem als modernes Schlagwort für ein »tätiges«, ein in vielerlei Hinsicht »aktives Leben«.

Die Säulen eines solchen Lebens sind die beiden Begriffe *creare* und *movere*. Diese ebenfalls lateinischen Bezeichnungen sagen uns, worauf wir uns stützen können, wenn wir vom Strom der Veränderungen mitgerissen werden. Denn *creare* steht für »erschaffen und hervorbringen«, und *movere* bedeutet so viel wie »sich bewegen und aufbrechen«. Wenn Sie beides zusammen – das Erschaffen und das Sich-bewegen-Können – als Lebenseinstellung verinnerlicht haben, heißt das, dass Sie die eigene Bewegungsrichtung der kommenden Jahre stärker mitbestimmen können, weil Sie je nach Bedarf immer wieder ein neues Stück vom eigenen Ich entfalten können.

Wenn Sie sich einem aktiven Leben verschreiben, sind Sie ganz nah dran an der Vielfalt Ihrer Möglichkeiten. Sie können immer wieder aus sich selbst schöpfen, wie aus einem reich gefüllten Gefäß. Sie können immer wieder abbrechen, aufbrechen und ankommen, weil Sie Ihr Dasein als formbaren Prozess ansehen. Sie bauen sich selbst und Ihr Leben mit allen dazugehörigen Menschen und Beziehungen weiter aus – fast so wie ein Bildhauer, der Schritt für Schritt eine Skulptur aus einem Steinblock herausmeißelt. Die Skulptur ist schon im Steinblock verborgen. Er muss sie nur noch freilegen.

Und das ist zugleich die Herausforderung unseres noch so jungen Jahrtausends: auf die Umstellungen, zu denen wir zunehmend von wirtschaftlichen, gesellschaftlichen und sozialen Veränderungen gezwungen werden, mit *creare* und *movere* zu reagieren, also mit der Lebens- und Überlebenskunst eines Menschen, der sich immer wieder neu zu erfinden weiß.

Es geht hier gegen Ende dieses Buches also um einen Weg, der mehr aus einem Entscheidungsmoment besteht als aus einer Praktik. Er bringt Sie dahin, sich angesichts einer beschleunigten Welt mit sich selbst auf ein Leben als Selbsterfinder zu einigen. Denn wenn Sie ein in diesem Sinne tätiges und aktives Leben führen, sind Sie den Wechselfällen des Lebens mit ungewollten Veränderungen und Schicksalsschlägen weniger ausgeliefert. Sie können Verluste – die jeder Mensch irgendwann erfährt – viel besser kompensieren. Und Ihnen geht nicht der Lebensinhalt verloren, wenn vielleicht eines Tages der Arbeitsplatz wegfällt, die Kinder aus dem Haus gehen, die Beziehung in die Brüche geht oder Ihr Körper Sie mit Zipperlein plagt.

Wer darin geübt ist, viele Seiten von sich selbst auszuleben, der definiert sich nicht nur über seinen Beruf, seine Familie, seinen Partner, seine jugendliche Fitness. Wer viele Interessen verfolgt, der hat auch dementsprechend viele Möglichkeiten, sich nicht in eine Opferrolle zurückzuziehen, sondern mit neuen Inhalten und Perspektiven weiterzumachen – vielleicht mal als Single, danach wieder in einer Beziehung, dann in einer Familie oder Patchwork-Familie, anschließend möglicherweise wieder als Single, dann wieder zu zweit, im Alter vielleicht in einer Wohngemeinschaft. Vor allem aber immer wieder als neuer Mensch.

Durch Veränderung jung bleiben

Lange Zeit herrschte der Irrglaube, das menschliche Gehirn wachse im Säuglingsalter heran und verändere sich danach nicht mehr. »Im erwachsenen Gehirn sind die Nervenbahnen starr und unveränderlich. Alles kann sterben, aber nichts kann regenerieren«, befand der spanische Hirnforscher und Nobelpreisträger Ramón y Cajal im Jahr 1928. Und auch unser Alltagswissen zeugt davon mit Aussagen wie »Was Hänschen nicht lernt, lernt Hans nimmermehr« oder »Ich bin zu alt, um mich noch einmal umzustellen«.

Jüngste Forschungsergebnisse zeigen jedoch, dass das Urteil von Ramón y Cajal eine Fehlannahme ist und dass vielmehr genau das Gegenteil stimmt: Bis ins hohe Alter bilden sich immer wieder neue Gehirnzellen – und zwar jeden Tag einige Tausend. Diese ständige Erneuerung ist sogar die Grundlage für das normale Funktionieren unseres Gehirns.

Heute weiß man aber auch, dass unser Gehirn umso fleißiger neue Zellen produziert, je mehr es zu tun hat – beispielsweise mit geistiger Arbeit, Lernen, neuen Eindrücken oder sozialen Kontakten. Wer sich zum Beispiel als Erwachsener das Jonglieren beibringt, kann seine grauen Zellen innerhalb weniger Monate gezielt vermehren: Die Seitenlappen des Gehirns vergrößern sich derart, dass es mit einer Kernspinuntersuchung messbar ist. Ähnlich positiv wirkt sich das Erlernen einer Fremdsprache aus. Wer hingegen viel Zeit vor dem Fernseher verbringt, setzt damit nicht nur die Leistungsfähigkeit seines Denkorgans herunter, er erhöht auf diese Weise sogar das Risiko, später an Alzheimer zu erkranken.

Lernen, um lange zu leben

Fit im Kopf bleiben also vor allem diejenigen, die ihr Gehirn ein Leben lang auf Trab halten. Dazu muss man nicht unbedingt wieder studieren – auch wenn fast alle Hochschulen Deutschlands Programme für Gasthörer bereithalten. Es ist schon viel erreicht, wenn es einem gelingt, geistig aktiv zu bleiben. Das heißt vor allem, offen zu sein für die Rückmeldungen anderer Menschen und über sich selbst nachzudenken. Dazu rät auch die Entwicklungspsychologin Ursula Staudinger, die das *Jacobs Center for Lifelong Learning and Institutional Development* in Bremen leitet. Eine weitere Empfehlung von ihr ist zum Beispiel, Romane oder Autobiografien zu lesen. Meiner Meinung nach ist es zudem wichtig, sich neue Wissensgebiete zu eröffnen und sich in der Freizeit immer wieder ein unbekanntes Erlebnis- und Lernfeld zu erschließen (zum Beispiel trommeln, Salsa tanzen oder den Umgang mit dem neuen iPod). Und sogar das Einüben einer neuen Sportart kann das Gehirn fit halten. Dazu ein Beispiel:

Der Leiter eines Kölner Studios für japanische Kampfkunst erinnert sich an einen Schüler, der 78-jährig begann, Aikido zu lernen. Er trainierte 16 Jahre lang ein- bis zweimal pro Woche und hörte erst nach seinem 94. Geburtstag aus Altersgründen damit auf. Wie sehr dem betagten Herrn dieser ganzheitliche und philosophische Sport neben den körperlichen Fitness-Effekten auch dazu verhalf, geistig beweglich zu bleiben, davon zeugte sein »offenes, strahlendes Wesen«. So beschreibt der Aikidomeister Dirk Kropp seinen »Musterschüler« und lobt besonders »seinen Mut, Neues aufzunehmen und dabei Altes zu bewahren«.

Die heutigen Erkenntnisse der Neurobiologie bestätigen es: Wenn sich die Nervenzellen unseres Gehirns immer wieder neu organisieren, so hat das auch Auswirkungen auf unseren Charakter. Das heißt übersetzt: Keine Persönlichkeit ist jemals fertig ausgebildet. Unser Denken und unser Verhalten bleiben bis an unser Lebensende entwicklungsfähig. Nur wer nichts mehr lernen will, ist wirklich alt – ob mit 30 oder mit 80 Jahren. Denn mit dem Beschluss zur geistigen Passivität gibt er seinem Körper ein fatales Signal, das in der Folge oft einen rasanten Verfall der geistigen und körperlichen Leistungsfähigkeit nach sich zieht.

Demzufolge sollten Sie Ihren Schritt in eine neue Lebensrichtung am besten auch als Investition in einen Fonds verstehen, der mit keiner herkömmlichen Altersvorsorge vergleichbar ist. Praktizieren Sie das Konzept des Selbsterfinders. Es ist mit Abstand die beste Strategie, um jung zu bleiben. Brechen Sie die geistige Routineschale immer wieder auf. Lassen Sie sich von Zeit zu Zeit von etwas Neuem berühren. Suchen Sie sich immer wieder andere Aufgaben und Herausforderungen. Genießen Sie die Freiheit, in Ihrem Leben vieles zu entdecken und zu verändern. So erhalten Sie sich Ihre kognitive Leistungsfähigkeit und Ihre Jugendlichkeit, auch wenn Falten im Gesicht von einem bewegten Leben zeugen. Und vor allem: Fangen Sie so früh wie möglich damit an.

Auch wenn Sie eines Tages im Ruhestand sind, sollten Sie weiterhin Selbsterfinder bleiben. Weiter handeln, verändern, erneuern, Kontakte pflegen, Austausch haben – darauf kommt es an. Denn das wirkt lebensverlängernd. Und der viel zitierte Ausspruch »Es kommt nicht darauf an, wie alt man ist, sondern wie alt man sich fühlt« erhält spürbare Relevanz.

Mit Zuversicht in die Zukunft

Was bleibt noch zu sagen? Am Ende eines siegreichen Spiels hört man in Fußballstadien oft das Lied »You'll never walk alone« – »Geh weiter, mit Hoffnung im Herzen. Und du wirst niemals alleine gehen«. Und jedes Mal vermittelt es einen Hauch des Tröstlichen, positiv nach vorn sehen zu können.

Ich finde, wir sollten uns dieser Haltung alle viel stärker verschreiben. Denn das, was unsere Gesellschaft erwartet, ist eine »Wandlungskultur«: »In dieser ist die Entwicklung der eigenen

Persönlichkeit in den Wechselfällen des Lebens das höchste Ziel.« So prognostizieren es uns Zukunftsforscher wie Matthias Horx, den ich bereits zu Beginn dieses Buches erwähnt habe.

Das bedeutet, dass uns nichts anderes übrig bleibt, als uns von gewissen »Tugenden« zu verabschieden, die uns Deutschen gern als negatives Denken, Jammern und überbetonte Angst im Hinblick auf die Zukunft nachgesagt werden. Sie, ich, wir alle können jeden Tag dafür sorgen, dass dieses Klischee nicht länger bedient wird. Wenn wir dazu unser persönliches Kapital einsetzen, sich selbst immer wieder neu erfinden zu können, dann passt das Bild einer Nation, die gerne als griesgrämig und pessimistisch beschrieben wird, bald nicht mehr. Dann wendet sich das Blatt innerlich wie äußerlich, und man wird anerkennen müssen, dass wir »grüblerischen Deutschen« auch Menschen sind, denen immer wieder etwas Neues einfällt, dass wir wandlungsfähige Individuen sind, die nicht verzagen, wenn es darum geht, schwierige Zeiten zu meistern.

Vielleicht ist das nur eine Hoffnung. Aber es ist eine, für die es sich in jedem Fall lohnt, unterwegs zu sein – davon konnte ich Sie hoffentlich überzeugen. Blicken Sie also optimistisch und zuversichtlich auf die kommenden Jahre und Unberechenbarkeiten, die vor Ihnen liegen. Gehen Sie den Weg mit Hoffnung im Herzen – weiter und weiter. Gehen Sie den Weg eines Menschen, der sich von Zeit zu Zeit beherzt und fröhlich ein neues Leben beschert. Ich gehe mit Ihnen, und viele andere auch.

Dieses Geschenk können Sie nur sich selbst machen. Einmal ausgepackt und von allen Seiten betrachtet, erkennen Sie, was es wirklich ist: ein Stück irdische Glückseligkeit.

Danksagung

Nun will ich mein Buch beenden, das ein Dank an das Leben und für alle eine Ermunterung sein soll, neu zu ihm zu finden. Ich möchte mich jedoch nicht von Ihnen verabschieden, ohne jenen Menschen zu danken, die in direkter oder indirekter Weise dazu beigetragen haben, dass es geschrieben und fertiggestellt werden konnte.

Als ersten möchte ich meinen Verleger Thomas Carl Schwoerer nennen, den Geschäftsführer des Campus Verlages, und ihm für die menschliche Art und Geduld mit seinem Autor danken, der diesmal mehrere Anläufe brauchte, um endlich die nötige Muße zum Schreiben zu finden.

Dann möchte ich den Verlagslektorinnen Anne Stadler und Christiane Meyer danken für ihren unerschütterlichen Glauben an das Thema, ihre Beharrlichkeit und die wiederholt gute Zusammenarbeit.

Danke auch an Alexa Jansen, meine Lebenspartnerin, die wie schon in der Vergangenheit auch diesmal das fertige Manuskript erstmalig gelesen und mit kritischen Anmerkungen und guten Ideen bereichert hat.

Mein Dank geht auch an Dr. Axel Hoffmann und Klaus Nusser für die guten Gespräche und sensiblen Ermutigungen, jeweils genau im richtigen Moment.

Danke auch an Anne Jacoby, die mir während der Phase des Sichtens und Ordnens meiner Aufzeichnungen sowie bei Recherchearbeiten behilflich war.

Mein besonderer Dank gilt den weiblichen und männlichen Klienten meiner Coachings, die ihre persönlichen Geschichten für dieses Buch als Fallbeispiele zur Verfügung gestellt haben, um so von ihren eigenen Erfahrungen zu berichten und anderen damit Mut zu machen.

Herzlichen Dank auch Ihnen, liebe Leserinnen und Leser, für Ihr Interesse und dafür, dass Sie aktiv etwas für sich selbst und Ihr Leben tun möchten. Ich hoffe, ich konnte in Ihnen die Entschlossenheit entflammen, endlich da anzukommen, wo Sie immer schon hin wollten, und endlich so sein zu dürfen, wie Sie gerne sein möchten. Für Ihren persönlichen Weg dorthin wünsche ich Ihnen viel Glück und Erfolg.

Horst Conen

E-Mail: info@horstconen.com
Internet: www.horstconen.com

Weiterführende Literatur

André, Christophe; Lelord, François: *Die Kunst der Selbstachtung.* Berlin, 2005
Arendt, Hannah: *Vita activa oder vom tätigen Leben.* München/Zürich, 2006
Asendorpf, Jens B.: *Psychologie der Persönlichkeit.* Berlin, 2004
Berns, Gregory: *Satisfaction. Warum nur Neues uns glücklich macht.* Frankfurt am Main/New York, 2006
Chopra, Deepak: *Der Jugendfaktor. Das Zehn-Stufen-Programm gegen das Altern.* Bergisch Gladbach, 2002
Conen, Horst: *Sei gut zu dir, wir brauchen dich. Vom besseren Umgang mit sich selbst.* Frankfurt am Main/New York, 2005
Conen, Horst: *Und ich schaffe es doch. So befreien Sie sich von negativen Botschaften.* Landsberg, 2005
Conen, Horst: *Zeigen Sie Profil! So machen Sie Ihre Ecken und Kanten zum Plus.* München, 2004
Conen, Horst: *Die Kunst, mit Menschen umzugehen. Das Basisbuch für erfolgreiche Kommunikation.* München, 2003
Conen, Horst: *Happy Box. 77 Karten für ein glückliches Leben.* Bergisch Gladbach, 2003
Conen, Horst: *Optimisten brauchen keinen Regenschirm. Das Programm für Ihre positive Zukunft.* Landsberg, 1999
Conen, Horst: *Tu, was dir gefällt! Warum wir nicht länger warten sollten, so zu leben, wie wir wollen.* München, 1998
Doehlemann, Martin: *Absteiger. Die Kunst des Verlierens.* Frankfurt am Main, 2002

Fischer, Karsten (Hrsg.): *Neustart des Weltlaufes. Fiktion und Faszination*. Frankfurt am Main, 2002
Herkner, Werner: *Lehrbuch Sozialpsychologie*. Bern, 1991
Hillman, James: *Vom Sinn des langen Lebens. Wir werden, was wir sind*. München, 2000
Hohoff, Curt: *Goethe. Eine Biographie*. Kreuzlingen / München, 2006
Horx, Matthias: *Anleitung zum Zukunfts-Optimismus. Warum die Welt nicht schlechter wird*. Frankfurt am Main / New York, 2007
Horx, Matthias: *Wie wir leben werden. Unsere Zukunft beginnt jetzt*. Frankfurt am Main / New York, 2006
Laotse: *Tao-Tê-King*. Ditzingen, 1997
Messner, Reinhold: *Berge versetzen. Das Credo eines Grenzgängers*. München, 2001
Muret, Marc: *Gesund durch Kreativität. Malen, modellieren, tanzen, musizieren, filmen und Theater spielen als Therapie*. Wien, 1988
Ramón y Cajal, Santiago; Miskolczy, Desidor: *Regeln und Ratschläge zur wissenschaftlichen Forschung*. München, 1957
Robinson, David: *Chaplin. Sein Leben. Seine Kunst*. Zürich, 2002
Scherf, Henning: *Grau ist bunt. Was im Alter möglich ist*. Freiburg, 2006
Schulze, Gerhard: *Die besten aller Welten. Wohin bewegt sich die Gesellschaft im 21. Jahrhundert?* München, 2003
Schumacher, Hajo: *Kopf hoch, Deutschland. Optimistische Geschichten aus einer verzagten Republik*. München, 2005
Schütz, Astrid: *Psychologie des Selbstwertgefühls. Von Selbstakzeptanz bis Arroganz*. Stuttgart, 2003
Siefer, Werner; Weber, Christian: *Ich. Wie wir uns selbst erfinden*. Frankfurt am Main / New York, 2006
Sprenger, Reinhard K.: *Der dressierte Bürger. Warum wir weniger Staat und mehr Selbstverantwortung brauchen*. Frankfurt am Main / New York, 2005
Vester, Frederic: *Denken. Lernen. Vergessen. Was geht in unserem Kopf vor, wie lernt das Gehirn und wann lässt es uns im Stich?* Stuttgart, 1975

Register

Abschiednehmen, langsames 96
Achtsamkeit 138–151
Aggression 71
Allrounder 183
Alltagsfluchten 104
»Alter Mensch« 161 f.
Andere bewundern 83 f.
Änderungsbedarf erkennen 68
Angst/Ängste 73, 105, 162
Angstbarrieren 16 f.
Anstöße von außen 81
Arbeit 54 f.
Aufhören 158
Autogenes Training 130

Baumübung 131–133
Bedenken 19
Bedürfnisse 32–36, 39, 151
Befangenheiten 94
Beharrlichkeit zur Selbstoptimierung 169
Belohnung, falsche 164
Beruf/Arbeit 2, 36, 41, 54 f., 68, 72, 100, 176, 183 f.
Bestandsaufnahme 50–60, 62
Bewahrungsbedürfnisse 41
Beziehung 36, 55–57, 100, 139–143, 176

Blick auf andere 89 f., 135
Blickwinkel, anderer 91
Brüche 96

Chance ergreifen 151–157
Charakter 23, 28
Charaktereigenschaften 23

Deckung aufgeben 153
Defizite erkennen 84
Demonstrative Handlung 167 f.
Denkmuster, alte 98, 158, 163
Depressionen 71, 162
Destruktive Muster 25

Eigenverantwortung 11
Eindrücke, erste (Kindheit) 25 f.
 – identitätsbestimmend 29
Einstellungsänderung 67
Entscheidungen 38
Entschlossenheit zur Veränderung 78
Entwicklung, kontinuierliche 177
Erfahrungen 30
Erfahrungsaustausch 91
Erinnerungszeichen, negatives 165 f.
Erinnerungszeichen, positives 166 f.
Erneuerungsbedürfnisse 41

Erneuerungspotenzial 24
Erreichtes sichern 157–169
Erstimpuls 98

Fähigkeiten 38 f.
– wiederentdecken 111 f., 114, 117 f.
Falsche Freunde 37
Familiärer Einfluss auf Charakter 23 f.
Familie 32, 55–57
Fantasie 102, 107 f.
Freiräume 37
Freizeit 58 f.
Fremdheitsgefühle 159
Freundeskreis 59 f.
»Für und Wider« 151

Gedanken 51 f.
Gedankenreise 131
Gefühle 51 f.
Gehirn 30, 83, 124
– fit halten 186–188
Geistige Stärken 113
Gene 23
Gesundheit 50 f.
Glücksgefühle 66
Gute-Laune-Menschen 94

Handlungsbedarf, persönlicher 99
Handlungsmuster, alte 98, 163
Hormonspiegel 23 f.

Identität 29, 175, 177
Identitätskrise 162
Image, neues 136
Impulse 80 f.
Innere Abwehr 42
Innere Blockaden 130

Innere Freiheit 36
Innerer Frieden 36
Innerer Schweinehund 18
Ist-Zustand 49, 83, 129

Kindheit, Prägungen 26–31, 71
Kognitive Leistungsfähigkeit 189
Kompromissdenken 134
Kompromisse 107, 143 f.
Konditionierungen 99
Körperliche Verfassung 50 f.
Kraft zur Veränderung 17 f.
Kreative Stärken 113

Lebenskrise 75
Lebensphilosophie anderer 83, 93
Lebensveränderung *siehe* Veränderung
Leistungsanspruch, gesellschaftlicher 32
Leistungsdenken 71
Leitbild 102–110
Lernen 187 f.
Life-Hopping 179

Memory-Taktik 147 f.
Mentale Schutzmaßnahmen 164
Miesmacher 94
Motivation 105
Motivierende Formel 167
Muster *siehe* Verhaltensmuster
Mut 123–138

Neugier 81–83

Ordnung der Handlungen 145
Organisatorische Stärken 113

Parallelwelten 182

Partner und Veränderungswünsche 139–141
- Ängste nehmen 141 f.
- diplomatisches Vorgehen 142 f.
- fehlende Bereitschaft 144 f.
- gemeinsame Zukunft 143 f.
Perfektionismus 71, 73
Persönlichkeit, eigene 23–25, 28, 30 f.
- Begrenzung 31
- Entwicklungsfähigkeit 88
- Prüfung 27
Persönlichkeitsentwicklung 30
Persönlichkeitsmerkmale 23, 30
Persönlichkeitssprache 32
Persönlichkeitsvielfalt 184
Plan B 149
Potenziale 111–123, 179, 182
- Sicht anderer 115 f., 118
Praktische Stärken 112 f.
Prioritäten 145
Pro-Argumente 124–127
Pro- und Kontra-Liste 125
Probezeit 150 f.

Qualitäten 38, 115

Reueteufel 158, 160
Rollenbild, altes 100
Rollenspiele 133–138
- Erfahrungen 136 f.
Rückfall 27, 161–164

Schublade 181 f.
Schwächen 119 f.
- erkennen 121 f.
- zu Stärken machen 120 f.
Selbstachtung 34, 38
Selbstbestimmung 41

Selbstbild 19, 36 f.
- stärken 167
Selbstblockade 42
- Phrasen 42–44
Selbstdisziplinierung 71
Selbsterfindung 184 f., 189
Selbsterkennung 99
Selbsterneuerung 20 f.
Selbstgewahrsam 101
Selbstkritik 71
Selbstliebe 35
Selbstmissachtung 31 f., 34, 37–39
- erkennen 35 f.
- Gefahren 36 f.
Selbstreduzierung 101
Selbsttest Veränderung 50–60
- Auswertung 61–69
Selbstunterdrückung 72
Selbstveränderung 29
Selbstverantwortung 67
Selbstvertrauen 35 f., 123–138
Selbstvorwürfe 38 f., 164
Selbstzweifel 71, 73, 105
Selfness 11
Sehnsuchtsbilder 93
Sicherheitsdenken 18 f.
Sicht der anderen 115 f., 118
Sich-überreden-Lassen 164
Sieben-Jahres-Intervalle 172–174
Sieben-Jahres-Rhythmus 174–176
Sieben-Schritte-Plan 98
Soziale Stärken 113
Spiegelwirkung anderer 87 f.
Stabilität 30
Stärken 112–115, 122 f.
- vermeintliche Schwächen 119–121
Stillstand 21, 77

Suggestionsformeln 128–131
– Bedingungen 129 f.

Tagebuch *siehe* Veränderungstagebuch
Talente 111 f., 114
To-do-Liste 146 f.
Träume 103 f., 107
Trennung 145, 158

Umbruchphasen 172
Umsetzungsstrategien 150
Umwege 152 f.
Unterbewusstsein 126, 128–130
Unterbrechung der Veränderung 170
Unterstützung durch andere 96
Unzufriedenheit 68
Urvertrauen 71

Veränderung 13–18, 44, 78, 83, 95 f.
– jung bleiben durch 186 f.
– richtige Vorbereitung 97
– Schritte-Programm 98
– Selbsttest 50–60
– ständige 169–171
– Wirkung 14 f.
Veränderungs-Check 151
Veränderungsmöglichkeiten 45
Veränderungstagebuch 97, 100 f., 110, 112–114, 118 f., 122 f., 127, 137, 146, 156, 163, 168

Veranlagung 23
Vergangenheit, Abschluss mit 96
Verhalten 53 f.
– neues 30
Verhaltensmuster 98, 104, 158, 163 f.
Verhaltenstendenzen 23
Vision 24, 105–107
– und Realität 159
Vita activa 184
Vorbilder 85, 177 f.
Vorgefühle 127
Vorsätze, gute 104
Vorstellungskraft 102
Vorurteile 94

Wahrnehmung 37
Wandlungskultur 189
Widerstände 149
Wiederholung 26, 161
Wünsche 7, 41, 106 f., 129, 140, 145
– und Realität 159

Zeitpunkt, richtiger 152
Ziel erkennen 99–102
Ziel fixieren 100 f.
Ziele, falsche 72
Zielvereinbarung 101
Zuhause 57 f.
Zuversicht 189 f.
Zweifel 73, 151 f.
Zweitleben 107

Horst Conen
Sei gut zu dir, wir brauchen dich
Vom besseren Umgang mit sich selbst

2007 · 249 Seiten · Kartoniert
ISBN 978-3-593-38305-7

Strategien gegen die tägliche Selbstsabotage

Wer kein Gespür für die eigenen Wünsche und Bedürfnisse hat, der sabotiert sich selbst. Horst Conen hat ein Programm entwickelt, mit dem man lernt, besser mit sich selbst umzugehen, um insgesamt gelassener, lebensfroher und erfolgreicher zu werden.

Gerne schicken wir Ihnen aktuelle Prospekte:
vertrieb@campus.de · www.campus.de

POWER FÜR IHR LEBEN

Die richtigen Strategien für Ihr privates und berufliches Lebensmanagement

Lernen Sie Horst Conen und ConenCoaching® kennen!

Foto: Andreas Möltgen

Horst Conen gilt als einer der renommiertesten Lifecoaches und Erfolgsberater Deutschlands. Sie haben über die Lektüre des Buches hinaus die Möglichkeit, sich persönlich von ihm beraten zu lassen oder ihn in Ihr Unternehmen sowie auf Ihre Tagung einzuladen.

In einem Einzel-Coaching oder Motivations-Vortrag lernen Sie:

- ✓ Denk- und Verhaltensmuster aufzulösen, mit denen Sie sich manchmal unbewusst selbst blockieren
- ✓ Stress und Leistungsdruck durch gezielte Selbstmotivation und eine neues Selbstmanagement zu meistern
- ✓ die Stärken Ihrer Persönlichkeit zu befreien und Ihre Potenziale für den Erfolg im Beruf und Leben einzusetzen
- ✓ private und berufliche Veränderungswünsche umzusetzen
- ✓ Ihre persönlichen Ziele glücklicher und gelassener zu erreichen

Informieren Sie sich in einem unverbindlichen Vorgespräch!

info@horstconen.com   www.horstconen.com